INSIDER-TIPP
Deine Abkürzung ins Erleben!

Reisen mit MARCO POLO Insider-Tipps

MARCO POLO TOP-HIGHLIGHTS

BRIARE 1
Auf dem Wasser übers Wasser: Die Kanalbrücke gilt als technisches Wunderwerk ihrer Zeit (Foto).
Tipp: Die Brücke am besten seitlich mit Schiff drauf ablichten, dann versteht man das Prinzip.

➤ S. 51, Cher & Sologne

CHÂTEAU DE BLOIS 2
Zu Stein gewordene Geschichte: das prachtvolle Königsschloss in Blois
Tipp: Halt den HistoPad mit den Schlossansichten von früher neben die Ansicht von heute und klick!

➤ S. 62, Blois & Orléans

MAX VAUCHÉ 3
Einer der besten Schokoladenhersteller Frankreichs öffnet seine Werkstatt in Bracieux.

➤ S. 65, Blois & Orléans

CHAMBORD 4
Über 400 Zimmer, zig Türme, die längste Parkmauer: das Schloss der Schlösser im Loire-Tal
Tipp: Interessante Effekte gelingen bei den abendlichen Lichtspektakeln.

➤ S. 64, Blois & Orléans

ST-BENOÎT-SUR-LOIRE 5
Die Basilika in der Benediktinerabtei ist ein Meisterwerk der romanischen Baukunst.

➤ S. 60, Blois & Orléans

CHÂTEAU DU CLOS-LUCÉ 6
Stilvolle Künstlerbude: Auf dem Herrensitz in Amboise konstruierte das italienische Universalgenie Leonardo da Vinci etliche Maschinen.

➤ S. 74, Touraine

CHENONCEAU 7

In diesem eleganten Schloss hatten stets die Frauen das Sagen.

Tipp: Fake oder Original? Spiel mit den Spiegelungen des Brückenschlosses auf der Wasseroberfläche!

➤ S. 77, Touraine

LA LOIRE À VÉLO 8

Der Weg ist das Ziel: auf dem perfekt ausgebauten und ausgeschilderten Radwanderweg entlang der Loire

➤ S. 34, Sport

CADRE NOIR DE SAUMUR 9

Nicht bloß schnöde Reitschule, sondern veritable Reituniversität mit Lehrern in schwarzen Uniformen

➤ S. 96, Anjou & Sarthe

ZOOPARC DE BEAUVAL 10

Das Riesenpanda-Pärchen aus China und sein vor Ort geborener Nachwuchs krönen das langjährige Engagement der Familie Delord für Tiere. Der Zoo in St-Aignan zählt zu den schönsten Tiergärten der Welt und setzt im tierischen Alltag auf Ökologie.

Tipp: Buch einen Vormittag als Tierpfleger und lass dich mit einem Wüstenbussard auf dem Arm ablichten.

➤ S. 49, Cher & Sologne

INHALT

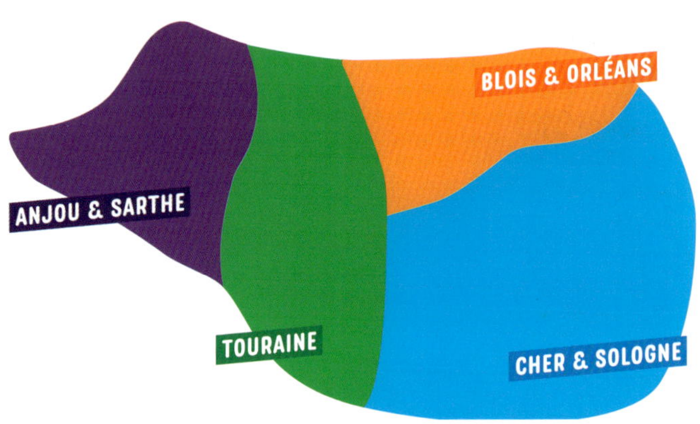

MARCO POLO TOP-HIGHLIGHTS

DAS BESTE ZUERST

SO TICKT DAS LOIRE-TAL

ESSEN, SHOPPEN, SPORT

MARCO POLO REGIONEN

ERLEBNISTOUREN

GUT ZU WISSEN

Besuch planen
€-€€€ Preiskategorien
(*) Kostenpflichtige Telefonnummer
Essen/Trinken
Shoppen
Ausgehen

(A2) Herausnehmbare Faltkarte
(0) Außerhalb des Faltkartenausschnitts

BESSER PLANEN MEHR ERLEBEN!

Digitale Extras
go.marcopolo.de/app/loi

DAS BESTE ZUERST

Mit weiblicher Note: Schlafzimmer der Katharina von Medici auf Chenonceau

BEST OF

BEI REGEN

SCHÖN, AUCH WENN ES REGNET

ZEHN MILLIONEN JAHRE HER

Im früheren *Steinbruch von Doué-la-Fontaine* wird die Geschichte der Region während eines Spaziergangs mit Videos und Installationen erklärt. Und man bekommt einen lebhaften Eindruck davon, wie es dort vor zehn Millionen Jahren aussah – mit Meer und Quallen (Foto).

➤ S. 100, Anjou & Sarthe

DAS SPÄTWERK EINES GENIES

Erlebe, wie Leonardo da Vinci auf dem *Herrensitz von Clos-Lucé* bei Amboise lebte und arbeitete. Noch in seinen letzten drei Lebensjahren hat der Künstler Dutzende bahnbrechender Maschinen konstruiert, die du drinnen und draußen anschauen kannst.

➤ S. 74, Touraine

WÄRME TANKEN IM TROPENGARTEN

Die Riesenpandas aus China stört der Regen nicht, solange sie Bambuszweige knabbern. Aber für Affen, Seekühe, exotische Vögel und deren Betrachter hat der *Zoo von Beauval* Tropengärten eingerichtet, in denen du und deine tierischen Gefährten schön trocken bleiben.

➤ S. 49, Cher & Sologne

WEINPROBE IM HIGHTECH-KELLER

Ein Regentag ist ideal, um sich in der *Maison des Vins de Cheverny* den hundert verschiedenen Weinen des Gebiets zu widmen. Nach sieben Gläsern Wein kann dir auch der schlimmste Regen nichts mehr anhaben.

➤ S. 126, Gut zu wissen

GESCHICHTE IM KÖNIGLICHEN SCHLOSS VON BLOIS

Vier Flügel aus vier Jahrhunderten, eine spektakuläre Wendeltreppe und ein Kabinett voller Geheimfächer: Bei schlechtem Wetter wird es im *Château de Blois* bestimmt nicht langweilig.

➤ S. 62, Blois & Orléans

BEST OF LOW-BUDGET

FÜR DEN KLEINEN GELDBEUTEL

GRATISBLICK AUFS SCHLOSS
Schloss-Besichtigungen im Loire-Tal gehen mit der Zeit richtig ins Geld. Für den Gratisblick auf das elegante Brückenbauwerk von *Chenonceau* ist etwas Spürsinn und ein kurzer Fußmarsch am linken Ufer des Cher gefragt.
➤ S. 77, Touraine

BLAUE SOMMERNÄCHTE
Sobald die Sonne untergeht, taucht die *Altstadt von Bourges* in blaues Licht. In den Gassen vor den Palästen holen dich kostümierte Schauspieler für einen Moment zurück ins Mittelalter. Und das nächtliche Spektakel kostet keinen Cent (Foto).
➤ S. 42, Cher & Sologne

IM MEISTERPARK
Der *Park von Châteauneuf-sur-Loire*, von André Le Nôtre entworfen, hat mit Rhododendren, Riesenmammutbäumen, Gräben und Holzbrücken seinen ganzen Charme bewahrt. Und kostet im Gegensatz zu den meisten anderen Parks der Region keinen Eintritt.
➤ S. 60, Blois & Orléans

AUF DEN SPUREN VON MAX ERNST
In Huismes hat Kunstexperte Dominique Marchès im Haus des deutschen Malers Max Ernst ein *Dokumentationszentrum* über das Leben und das Werk des Künstlers aufgebaut. Die Besichtigung ist kostenlos.
➤ S. 90, Touraine

KUNSTFUND IN LOCHES
Es war wohl ein Zeitgenosse von Michelangelo Merisi, kurz Caravaggio, der die *beiden Gemälde* schuf, die fast 200 Jahre lang unter einer dicken Staubschicht unbeachtet in der Kirche St-Antoine von Loches hingen. Die Werke, bei denen lange unklar war, ob sie nicht doch vom Meister selbst sind, kannst du ganz umsonst bewundern.
➤ S. 78, Touraine

BEST OF

MIT KINDERN

SPANNENDES FÜR GROSS & KLEIN

KÄNGURUS AN DER LOIRE
Ganz ohne umweltschädlichen Langstreckenflug könnt ihr im *Jardin des Kangourous* Bekanntschaft mit den Beuteltieren aus dem fernen Australien machen.
➤ S. 111, Anjou & Sarthe

DIE WEITEN UNSERES UNIVERSUMS
Lasst euch von den Wissenschaftlern der *Außenstelle des Pariser Observatoriums* in Nançay erklären, wie das riesige Radioteleskop und der Radioheliograph funktionieren.
➤ S. 46, Cher & Sologne

STRANDFEELING
Abtauchen könnt ihr in Mont-près-Chambord. Der *Naturbadesee* dort ist der perfekt Platz für eine Erfrischung nach einem Schlossbesuch. Ein natürliches Filtersystem garantiert Badespaß ohne Chlor.
➤ S. 64, Blois & Orleáns

HOKUSPOKUS FIDIBUS
Nicht mit rechten Dingen geht es im *Haus der Magie* gegenüber dem Schloss von Blois zu. Das Museum ist dem Vater der Zauberkunst, Jean Eugène Robert-Houdin, gewidmet, der 1805 hier an der Loire geboren wurde.
➤ S. 62, Blois & Orleáns

STREICHELFISCHE
Was so alles in der Loire schwimmt, könnt ihr euch im *Aquarium* in Lussault-sur-Loire anschauen. Von der Quelle der Loire geht es bis in ferne Meere. Besonders beliebt: das Streichelbecken mit den Koi-Karpfen
➤ S. 77, Touraine

IN DEN BAUMWIPFELN
Richtig auspowern mit einer ordentlichen Portion Adrenalin könnt ihr euch in einem der vielen Klettergärten. Wie Tarzan und Jane hangelt ihr euch beim *Accrobranche* von Baum zu Baum.
➤ S. 32, Sport

BEST OF

TYPISCH

DAS ERLEBST DU NUR HIER

GÄRTEN MIT KUNSTANSPRUCH

Wenn du auf der Suche nach Inspiration für den heimischen Garten bist, wirst du in den Gärten der Loire-Schlösser mit Sicherheit fündig werden. Wenn dir das nicht reicht, kannst du dir beim *Internationalen Gartenfestival von Chaumont* anschauen, was die Avantgarde der Landschaftsarchitekten so zu bieten hat.

➤ S. 67, Blois & Orléans

SCHIPPERN AUF DEM FLUSS

In *Sablé-sur-Sarthe* warten Hausboote darauf, dich über die Sarthe zu fahren. Nach einer Stunde Einweisung kannst du auch ohne Bootsführerschein das Steuerrad übernehmen.

➤ S. 109, Anjou & Sarthe

ZEIT FÜR DEN APÉRO!

Entlang des *Loire-Radwegs* findest du viele Lokale, deren Terrassen direkt am Fluss liegen. Hier gönnen sich die Franzosen am frühen Abend ihren Aperitif, kurz Apéro. Ein französisches Ritual, das in einem Weinanbaugebiet geradezu Pflicht ist

➤ S. 34, Sport

DAS GRÖSSTE AN DER LOIRE

Damit du mal eine echte Vorstellung von „Superlativ" bekommst: Gerade mal 72 Tage seines Lebens hat François I. im Prachtpalast *Chambord* mit seinen 365 Kaminen verbracht. In der Renaissance zog seine königliche Karawane mit gut 15 000 Menschen und 12 000 Pferden mit ihm hier ein.

➤ S. 64, Blois & Orléans

SCHLAFEN IM PRIVATSCHLOSS

Isaure de Sainte Marie hat im kleinen *Schloss Troussay* Gästezimmer sowie eine große Ferienwohnung eingerichtet. Die Schlossherrin serviert persönlich das Frühstück im Speisesaal des Anwesens, das auf 600 Jahre Geschichte zurückblickt (Foto).

➤ S. 66, Blois & Orléans

SO TICKT DAS LOIRE-TAL

Die schönste Art sich zu verlieren? In den Gärten von Schloss Villandry

ENTDECKE DAS LOIRE-TAL

Flüsse und Schlösser wie das von Chinon sind die touristischen Hauptzutaten des Loire-Tals

Diese Pracht lässt keinen kalt: 365 Kamine, unzählige Türmchen und 426 Räume. Das mächtige Schloss von Chambord steht als Symbol für den ungeheuren Reichtum, den Fürsten, Herzöge und Könige in Mittelalter und Renaissance in das Tal der Loire brachten.

EIN PARADIES FÜR MÜSSIGGÄNGER

Die Loire, Frankreichs größter Strom und Europas letzter wilder, im Unterlauf ab Roanne noch nicht von Staustufen und Kanälen gebändigter Fluss, bietet heute noch den Stoff, aus dem Träume gemacht werden. Zwischen Sully und Chalonnes gehört die Loire zum Unesco-Welterbe. Das Tal der Loire und die Ufer ihrer Seitenflüsse wie Cher, Indre, Loir, Sarthe und Vienne sind voller kleiner Kostbarkeiten, die sich aber nur den Reisenden erschließen, die

Um 450 v. Chr.
Kelten lassen sich im Loire-Tal nieder

58–52 v. Chr.
Julius Cäsar schlägt im gallischen Krieg die Keltenstämme der Ander und Karnuter an der Loire

1337–1453
Zwischen Frankreich und England tobt der sogenannte Hundertjährige Krieg. Jeanne d'Arc befreit 1429 Orléans von der britischen Belagerung

16. Jh.
Reformator Calvin kommt nach Orléans; Religionskriege toben, blutige Niederschlagung der reformatorischen Verschwörung von Amboise 1560

Muße und Neugier mitbringen: das Frühstück in einem kleinen Café mit Blick auf die Loire, die in der Morgensonne funkelt. Das einfache, durch ein Glas Wein aus Chinon oder Vouvray geadelte Mittagessen in einem Dorfrestaurant. Der Spaziergang durch die Wälder der Sologne mit ihren Teichen, über die sich melancholisch stimmender Nebel ausbreitet. Der Sonnenuntergang, der die mächtige Fassade des Schlosses von Amboise hoch über dem Fluss in warme Farben taucht. Oder das opulente Abendmahl, das den Romanfiguren Gargantua und Pantagruel des Dichters François Rabelais (1494–1553) alle Ehre macht. Das sind Momente, in denen dir klar wird, warum Herzöge, Fürsten und Könige diese Landschaft zur Spielwiese ihrer Verschwendungssucht gemacht haben. Selbst wenn das moderne Frankreich mit seinen Einkaufszentren und den Hochhaussiedlungen in den Außenbezirken der großen Städte hässliche Spuren hinterlassen hat, sind Orléans, Tours, Blois oder Angers für ihre Lebensqualität im ganzen Land bekannt und berühmt. Bei allem Schwung, den Universitäten und Hightechunternehmen in die Region gebracht haben: Hektik hat im Loire-Tal keine Chance.

EIN MAL KÖNIG SEIN

Die Fahrt durch das Loire-Tal wird zum Rausch für Kulturreisende: Nach fast jeder Straßenbiegung fällt der Blick auf ein weiteres Schloss oder Schlösschen. Und jedes Gebäude birgt seine eigene Geschichte: Intrigen, Tragödien, Komödien

1940 Im 2. Weltkrieg wird Tours für 3 Tage französische Hauptstadt

2000 Das Flusstal zwischen Sully-sur-Loire und Chalonnes-sur-Loire wird Unesco-Welterbe

2012 Der Radwanderweg La Loire à Vélo von Saint-Nazaire nach Nevers mit vielen Nebenstrecken ist nach zehn Jahren Bauzeit vollständig befahrbar

2017 Das Schloss von Chenonceau wird ins Unesco-Welterbe Loire-Tal aufgenommen

2022 Dürre: Fotos der zum Teil ausgetrockneten Loire gehen um die Welt und ausschweifende Feste. Die heutigen Besitzer der Schlösser und Herrensitze – viele sind weiter in Privatbesitz – haben es schwerer: Die Gebäude müssen erhalten werden. Und so machen sie aus der Not mit dem Erbe der Vorfahren eine Tugend. Nach dem Motto „Ein Tourist bedeutet einen neuen Schieferziegel" öffnen sich viele Schlösser für die breite Öffentlichkeit. Bis zur Französischen Revolution war es undenkbar, dass das „gemeine Volk" Quartier in fürstlichen Gemächern nahm, heute richten die Nachfahren Fremdenzimmer ein, *chambres d'hôtes,* und laden die Gäste an ihre Tafel.

FRAG DIE LOCALS

Auch wenn die Klagen der klassischen Hotelgastronomie lauter werden, es gibt kaum eine bessere Art, Land und Leute kennen zu lernen als am Esstisch mit Gastgebern, die ihre Umgebung kennen und schätzen. Denn bei den Einheimischen liegt der Schlüssel, dieses Land der fließenden Wasser zu erobern. Sie wissen, welches die schönsten Abschnitte auf dem Radwanderweg *La Loire à Vélo* sind. Der Parcours ist nämlich nicht nur bei Touristen beliebt, sondern wird auch von den Einheimischen viel und gerne befahren. Denn sie kennen die Weinbauern, die konsequent auf biologischen Anbau setzen, und Winzer, deren Weine es mit den besten Tropfen der Welt aufnehmen können. Sie zeigen dir die Wege, die von den schnurgeraden Straßen der Sologne hinein in die geheimnisvollen Wälder führen. Sie sagen dir auch, wo du den besten Ziegenkäse zwischen den Weinbergen von Sancerre findest und erklären dir den Weg durchs Unterholz, von dem du den schönsten Blick auf Paradeschlösser wie Chenonceau erhaschen kannst.

LEBENSRAUM FÜR BEDROHTE TIERARTEN

Bürgerproteste verhinderten in den 1990er-Jahren, dass der Loire-Unterlauf mit riesigen Staudämmen gegen Hochwasser abgesichert wurde. Dafür ist das Flusstal mit seinen 1000 Inseln und Überschwemmungsgebieten ein Refugium für viele Tierarten geworden, die anderswo in Europa längst ausgerottet sind. Inzwischen sind sogar wieder Lachse und Aale östlich von Angers aufgetaucht, und Biber bauen ihre Staudämme im Flusslauf. Kormorane und Fischreiher haben ihr Domizil an den über 3000 Teichen der Sologne gefunden. Die europäische Sumpfschildkröte ist das Symbol für den regionalen Naturpark der Brenne im Süden der Touraine. Rund 100 000 Exemplare leben im Land der tausend Teiche, in dem seit dem Mittelalter Fische wie Karpfen gezüchtet werden. Im Naturpark nisten gefährdete Vogelarten, in den Wäldern, die Privatleute für die Jagd nutzen, leben Hirsche, Rehe und Wildschweine in großer Zahl.

KURZUM

An der Loire bekommst du Natur und Kultur satt! Was braucht es mehr für einen gelungenen Urlaub? Auf geht's!

AUF EINEN BLICK

1.130.000

Besucher jährlich zählte Schloss Chambord vor der Pandemie

1/3

der Quinoa-Körner, die in Frankreich auf den Teller kommen, stammt nicht aus Südamerika, sondern aus dem Anjou

1.012 km

misst die Loire – der längste Fluss Frankreichs

Deutschland: Rhein – 865 km

10 km

misst die Maine – der kürzeste Fluss Frankreichs

Deutschland: Pader – 4 km

LÄNGE DES RADWANDERWEGS „LOIRE À VÉLO"

900 KM

entspricht ca. der Distanz Kiel–München

WÄRMSTE MONATE

JULI/ AUGUST 24°C

NEW ORLEANS

wurde 1718 nach dem Herzog von Orléans benannt

65 % DER 56.900 HA WEINANBAUGEBIET RUND UM DIE LOIRE HABEN 2021 EIN BIOLABEL

270.585 ha

umfasst der Naturpark Loire-Anjou-Touraine (Saarland: 257 000 ha)

BERÜHMTESTE PERSONEN

Johanna von Orléans
François Rabelais

280 MILLIONEN FLASCHEN Loire-Wein werden jährlich verkauft

DAS LOIRE-TAL VERSTEHEN

ATOMKRAFT, JA BITTE!

Wenig romantisch sind die vier Atomkraftwerke in der lieblichen Loire-Landschaft, darunter Frankreichs erster Reaktor, der 1963 in Avoine bei Chinon ans Netz ging. Großen Widerstand in der Bevölkerung gab es bis zur Nuklearkatastrophe im japanischen Fukushima nicht. Im Gegenteil: Avoine ist stolz auf das Kraftwerk, das Arbeitsplätze und Wohlstand ins Städtchen brachte. Seit 1986 gibt es hier sogar ein Atommuseum, der Meiler Belleville bei Sancerre kann ebenfalls besichtigt werden. Anders als in Deutschland steht in Frankreich ein kompletter Ausstieg aus der Atomenergie nicht auf der politischen Tagesordnung. Immerhin soll ihr Anteil bis 2035 von 70 auf 50 % heruntergefahren werden. Die ältesten Reaktoren werden nach und nach vom Netz genommen. Das gilt auch für das Kraftwerk in Dampierre-en-Burly zwischen Gien und Sully, das seit 1981 Strom erzeugt und am Ufer der Loire für gut 1500 Arbeitsplätze sorgt, aber in den letzten Jahren viele Störfälle registriert hat. Um dies in Zukunft zu vermeiden, arbeitet der staatliche Energiekonzern EDF an der Konzeption neuer Reaktoren.

WORKAHOLIC

Honoré de Balzac, 1799 in Tours geboren und in Vendôme aufgewachsen, zog sich auf der Flucht vor seinen Pariser Gläubigern – er war als erfolgloser Verleger und Druckereibesitzer Bankrott gegangen – immer wieder in das Renaissanceschloss von Saché zurück. Im spartanisch eingerichteten Zimmer mit Blick auf Park und Tal, das ihm sein Freund Jean de Margonne zur Verfügung gestellt hatte, arbeitete Balzac bis zu 18 Stunden am Tag an Romanen wie „Die Lilie im Tal", der bei Montbazon spielt und Teil seines Meisterwerks „La Comédie humaine" ist. Der Romanzyklus, an dem der Schriftsteller von 1829 bis 1850 schrieb, gibt ein anschauliches Bild der damaligen Gesellschaft.

E-TOURISMUS

Die Geeks haben das Loire-Tal erobert: Audioguides waren gestern! Immer mehr Schlösser warten heute mit Tablets auf, die dir die Tür zu einer anderen Zeit öffnen. Mit dem HistoPad bekommst du z. B. in Chambord, dem Schloss von Blois oder in der Forteresse Royale von Chinon eine Direktverbindung zur Vergangenheit. Wo heute nur noch eine kahle Wand ist, siehst du so die historische Einrichtung von einst vor dir. Während die Eltern ihr Geschichtswissen auffrischen, begeben sich die kleinen Digital Natives auf Schatzsuche – wobei sie zur Abwechslung mal mitten in der historischen Kulisse ihres Computerspiels stehen.

HÖHLISCH GUT

Der weiche Tuffstein *(tuffeau)* ist ein ideales Baumaterial. In der Gegend zwischen Saumur und Tours oder am Loir-Fluss zwischen Vendôme und Durtal haben die Menschen seit der Antike von den unzähligen Steinbrüchen profitiert und sich Wohnungen in den Höhlen *(troglodytes)* angelegt. Ganze Dörfer wie Rochemenier oder Trôo, Täler wie Les Goupillières und sogar Schlösser wie Brézé sind in den Tuffstein hineingebaut worden. Damals ging es um Schutz vor Invasoren und Kälte, heute sind die Felsenkeller mit konstanten Temperaturen zwischen 12 und 15 Grad ideal für Pilzzucht *(champignonnière)* und Sekt- oder Weinlagerung. Außerdem sind die Höhlenwohnungen, die nach dem Zweiten Weltkrieg praktisch alle aufgegeben wurden, heute rare und teure Perlen auf dem Immobilienmarkt.

CONSOMM'ACTEUR

Frankreich war lange das Land der Hypermarchés, dieser gigantischen Konsumtempel, in denen man Stunden braucht, um sich auf den mindestens fünf Regalmetern Joghurt für eine Geschmacksrichtung zu entscheiden. Die architektonischen Plagen legten sich wie Schlingen um alle größeren Städte, und auch kleinere Dörfer blieben nicht verschont. Das Nachsehen hatten die kleinen Einzelhändler. Warum zum Bäcker, Schlachter und Gemüsehändler rennen, wenn man alles aus einer Hand bekommen kann?

Nachdem in vielen Dörfern und Kleinstädten das Angebot an Lebensmittelläden rapide abgenommen hat, wettern nicht nur die Gelbwesten gegen die Supermarktgiganten. Viele Verbraucher entscheiden sich ganz be-

Unter Tage: In den kühlen, dunklen Tuffsteinhöhlen fühlen sich Champignons richtig wohl

Immer mehr Franzosen kaufen, was ihre eigene Region hergibt, z. B. Schafskäse aus Loches

wusst dafür, mehr bio und lokal zu konsumieren. Die großen Ketten haben diesen Trend schnell erkannt und ihre eigenen Biomarken herausgebracht. Dies konnte allerdings die Schließung so einiger unrentabler Filialen nicht verhindern. Denn immer mehr Franzosen sehen sich als *consomm'acteurs* (Wortspiel aus Konsument und Aktivist), die mit ihrer Kaufentscheidung mehr als einen möglichst preisgünstig gefüllten Kühlschrank anstreben.

KÄMPFENDE TEENAGERIN

Greta Thunberg ist zu jung, um die Welt zu retten? Das Bauernmädchen Jeanne d'Arc (1411–1431) aus dem lothringischen Dorf Domrémy war zarte 17 Jahre alt, als sie von einer „himmlischen Stimme" den Auftrag erhielt, das Land von den englischen Besatzern zu befreien. Sie ritt sogleich los, um in Chinon den Sohn des geisteskranken Königs Charles VI, den späteren Charles VII, davon zu überzeugen, doch bitte die Krone zu übernehmen. Sie fand Gehör und übernahm in Blois das französische Heer. Obwohl die Lage hoffnungslos erschien, befreite Jeanne am 8. Mai 1429 Orléans, das ein halbes Jahr lang von englischen Truppen belagert worden war.

Charles VII wurde am 17. Juni 1429 in Reims gekrönt, doch statt gemeinsam mit Jeanne Paris zu befreien, kehrte der neue König an die Loire zurück. Daraufhin suchte die Jungfrau von Orléans den Kampf auf eigene Faust, verlor aber die Schlacht von Compiègne und fiel den Engländern in die

Hände. In Rouen wurde ihr wegen Hexerei und Ketzerei der Prozess gemacht, am 30. Mai 1431 starb sie 19-jährig auf dem Scheiterhaufen. Seit dem 19. Jh. gilt sie als Nationalheilige Frankreichs. 1920 wurde sie vom Vatikan heiliggesprochen.

DIE HUGENOTTEN KOMMEN

Im Loire-Tal fiel die Reformation im 16. Jh. auf fruchtbaren Boden. Unter François I wurden die Ideen von Martin Luther und Calvin, der 1528–1533 in Orléans lebte und lehrte, von der Oberschicht übernommen. Die Hugenotten, die französischen Protestanten, bauten von Gien bis Angers ihre Kultstätten, die kurioserweise bis heute oft nicht Kirche, sondern Tempel genannt werden.

1562–1598 tobten zwischen den Katholiken und den Protestanten in Frankreich acht Kriege. Die Hugenotten wurden von Deutschland, England und der Schweiz unterstützt, die Katholiken von Spanien. Am Ende jedes Krieges wurde den Hugenotten zwar religiöse und politische Duldung bescheinigt, diese Verträge aber immer wieder ignoriert oder sogar außer Kraft gesetzt. In der Nacht zum 24. August 1572 wurden mit Zustimmung des Königs in der berüchtigten Bartholomäusnacht 2000 Hugenotten ermordet.

Das Meucheln ging weiter, als Henri III 1588 den Katholikonanführer Herzog de Guise auf Schloss Blois ermorden ließ, selbst aber im Folgejahr in Tours Opfer eines Anschlags wurde. Erst als der protestantische Thronfolger, Henri de Navarre, zum Katholizis-

KLISCHEE KISTE

SCHLÖSSER ÜBER SCHLÖSSER

An der Loire stehen so viele Schlösser, weil hier einst der Adel baute? Nein, sondern weil sich hier im Hundertjährigen Krieg Engländer und Franzosen gegenüberstanden. Erst nachdem Frankreich 1453 gesiegt hatte, wurden die Burgen nach und nach vom Adel eingenommen und umfunktioniert.

VOLKSSPORT STREIK

Monsieur Claude, aus dem gleichnamigen Film (S. 130), kommt aus dem Urlaub zurück und erfährt am Flughafen, dass die Regionalzüge in seine Heimatstadt Chinon nicht fahren, weil die nächsten drei Monate gestreikt wird. Seine Reaktion: hocherfreutes „Endlich daheim!" Sollte es dich auch erwischen, mach es wie die Franzosen und nimm es mit Gelassenheit.

SÜSSES ANJOU

Alle Franzosen wollen nach Paris? Von wegen, in Angers lebt es sich viel besser! Die Bewohner der Stadt an der Loire brüsten sich mit der *douceur angevine* – der Süße von Angers, von der der Lyriker Joachim du Bellay schon im 16. Jh. schwärmte. Aufs Wetter bezogen, steht der Ausdruck für das milde Klima. Er beschreibt aber eben auch die hohe Lebensqualität.

mus übergetreten und 1594 als Henri IV zum König gekrönt worden war, wurde mit dem Edikt von Nantes 1598 der blutige Bürgerkrieg beendet.

STEUERBORD VORAUS

Es muss ein wunderschönes Bild in der Mitte des 19. Jhs. gewesen sein: Hunderte von Schiffen mit großen Rechtecksegeln kreuzten auf der Loire zwischen Orléans und Angers, versorgten die Städte mit Wein, Tuffstein, Äpfeln, Getreide und Schiefer. Die Eisenbahn hat zu Beginn des 20. Jhs. die Schifffahrt auf dem kapriziösen Fluss trockengelegt. Der *fûtreau* aus Holz oder die *toue*, die mit ihrer Kajüte für längere Lastentransporte ausgelegt war, waren fast verschwunden. In Blois, St-Dyé, in Chaumont-sur-Loire, Amboise, Rochecorbon, Montsoreau und in Le Thoureil liegen die im traditionellen Stil neu gebauten Schiffe heute wieder vor Anker, und in Orléans lassen sie sich alle zwei Jahre beim *Festival de Loire* feiern. Auf dem Wasser genießen Naturfreunde und Touristen das Schauspiel; Wein, Tuffstein und Schiefer aber werden weiter auf Straßen und Schienen transportiert.

INSIDER-TIPP
Schiffe, Trubel & Feuerwerk

DIE MÄTRESSE NR. 1

Sie war jung, schön und intelligent: die Hofdame Agnès Sorel, Mitte des 15. Jhs. erste offizielle Mätresse in der französischen Geschichte. Der 20 Jahre ältere Charles VII, der seine Krone der Jungfrau von Orléans verdankte, soll seiner Geliebten völlig hörig gewesen sein. *La favorite*, also die Herzdame des Königs, liebte den Prunk, sorgte aber auch für kluge Ratgeber am Hof. Die Mätresse residierte zunächst in Chinon, bevor sie nach Loches übersiedelte. Dort starb Agnès Sorel 1450 mit nur 28 Jahren nach offiziellen Angaben an einer Magenverstimmung – hinter vorgehaltener Hand wurde aber von Gift gesprochen, hatte die Geliebte doch zu viel Macht über die Entscheidungen des Monarchen.

AUF MARTINS WEGEN

Der wichtigste Bischof Galliens hat nicht nur den Katholizismus, sondern auch die Weinreben ins Loire-Tal gebracht. Martin, nach der zeitgenössischen Biografie des Sulpicius Severus um 316 in Sabaria im heutigen Ungarn geboren, war Soldat, als er seinen Mantel mit einem Bettler in Amiens teilte. Martin ließ sich tau-

fen und wurde als wundertätiger Volksmissionar so bekannt, dass ihn das Volk von Tours 371 zum Bischof wählte. Der Heilige starb 397 in Candes.
Nach dem Vorbild des Jakobswegs hat ein in Tours ansässiges europäisches Kulturzentrum *(saintmartinde tours.eu)* seit 2005 verschiedene Pilgerpfade von Ungarn bis Frankreich auf den Spuren des Heiligen ausgebaut: *martinuswege.eu.* Teilstrecken zwischen Tours und Chinon sind mit Kilometersteinen ausgewiesen.

UMWELTSCHUTZ

In den 1990er-Jahren wurde der regionale Naturpark Loire-Anjou-Touraine gegründet. Im Gebiet zwischen Villandry im Osten, Richelieu im Süden, Angers im Westen und dem Tal des Authion im Norden soll die Natur besser vor den Auswüchsen der Zivilisation bewahrt werden. So sind Biber, Fischotter und sogar der Feuersalamander, Wappentier von François I, wieder an der Loire heimisch geworden. Die Artenvielfalt schützt jedoch nicht vor Hochwassern. So fühlen sich die Bewohner des Loire-Tals direkt vom Klimawandel bedroht. Uferstädte wie z. B. Orléans versuchen die UN-Klimaziele zur Reduzierung der Erderwärmung aktiv umzusetzen und rufen öffentlich zu einer Änderung bestehender Konsumgewohnheiten auf. Das Netz der öffentlichen Verkehrsmittel wird ausgebaut und Stadtautobahnen am Flussufer, die einst für Wohlstand und Fortschritt standen, werden zugunsten von Fuß- und Radwegen zurückgebaut und wie z. B. am Ufer der Maine in Angers überdacht. Von Sully bis Chalonnes gehört die Loire auf 280 km zum Unesco-Welterbe der Menschheit, sodass wenigstens hier weitere Eingriffe in die Natur nicht mehr so einfach möglich sind.

Orléans: Beim Loire-Festival huldigen historische Nachbauten der motorfreien Fluss-Ära

ESSEN SHOPPEN SPORT

Kein Weinkenner? Macht nichts, ein Weißer von der Loire schmeckt immer

ESSEN & TRINKEN

Niemand hat in schöneren Worten von Fress- und Saufgelagen geschwärmt als François Rabelais. Der Schriftsteller aus der Touraine liebte gutes Essen und guten Wein und machte im 16. Jh. die Geschichte der Riesen Gargantua, Grandgousier und Pantagruel zu einer Hymne an gutes Essen und Trinken.

RENAISSANCE ALTER REZEPTE

Schlemmen ist an der Loire und in ihren Seitentälern immer noch ein Lieblingsvergnügen von Rabelais' Nachfahren. Allerdings sind die Portionen heute nicht mehr so üppig und werden aus Respekt vor Alkoholkontrollen die Gläser lange nicht mehr so oft nachgeschenkt. Die alten Rezepte aber werden überall wieder rausgekramt. Wie zum Beispiel das Haselhuhn *(géline de Touraine)*, das wegen seiner Faulheit – es legt nicht gerne Eier – fast von den Speisekarten verschwunden war. Rabelais muss das feste, wildähnliche Fleisch dieses Hühnchens genauso gekannt haben wie die Spezialität an Sarthe und Loir, die *rillettes*. Natürlich soll der Salat mit den lauwarmen Fleischstücken mit Weinessig aus Orléans angemacht sein – oder auch mit Nussöl *(huile de noix)*. Weiter im Westen, im Anjou, werden heute wieder Fische wie *anguille* (Aal) und *lamproie* (Neunauge) gefischt, und – die Reben wachsen ja vor der Haustür – in Rotwein aus Chinon, Bourgueil oder Saumur-Champigny gekocht.

DAS ISST MAN HIER SO

Ein so richtig typisches Gericht, das ausschließlich an der Loire gegessen wird, gibt es nicht. Regionale Unterschiede aber durchaus. Die Sologne steht mit ihren Wäldern wie zu des Dichters Zeiten für Wild, wie *lièvre* (Hase), *chevreuil* (Reh), *sanglier* (Wildschwein) oder *cerf* (Hirsch), das im

Zwei zum Auf-der-Zunge-zergehen-lassen: Ziegenkäse Valençay (li.) und die *tarte Tatin* (re.)

Herbst mit Pilzen wie *cèpe* (Steinpilz) oder *girolles* (Pfifferlinge) serviert wird. 3000 Teiche rund um Romorantin sorgen für Nachschub bei Süßwasserfischen wie *sandre* (Zander), *brochet* (Hecht) oder *carpe* (Karpfen). Romorantin ist zudem für seine Erdbeer- und Spargelproduktion bekannt.

GESCHICKT VERTUSCHT

Ein Glück, dass das Missgeschick der Schwestern Tatin als Rezept für ein köstliches, aber kalorienschweres Dessert, die *tarte Tatin*, überlebt hat: Den beiden Damen war im 19. Jh. in der Sologne aus Versehen der Apfelkuchen mit der Fruchtseite nach unten in den heißen Backofen gerutscht. Seitdem ist die Süßigkeit zum Klassiker avanciert und wird immer „gestürzt" gebacken.

KÖSTLICHER KÄSE

Vor dem Nachtisch ist erst einmal Käse angesagt. Zwar gibt es im Städtchen Sancerre keine einzige Ziege, aber rings um den Weinbauhügel sorgen die Herden für die Milch, aus der nach alten Rezepten der *crottin de Chavignol* hergestellt wird, einer der fünf Ziegenkäse der Region, die mit der Herkunftsbezeichnung AOC *(Appellation d'Origine Contrôlée)* geadelt sind. Achtung, beim Käseschneiden in Gesellschaft von Franzosen ist Vorsicht geboten! Runde Käsesorten werden nie in Scheiben, sondern immer von der Mitte nach außen, wie eine Torte, geschnitten, damit alle etwas vom weichen Herzen des Käses abbekommen. Im Internet gibt es zig Anleitungen, google einfach mal „couper le fromage"!

INSIDER-TIPP
Den Käse richtig schneiden

ABENDFÜLLENDES THEMA: WEIN

„Das ist der beste Wein, den ich je getrunken habe", schwärmte schon Henri IV: „Wenn ihn jeder im Königreich

Köstlicher Dreiklang im Anjou: *rilletes*, Baguette und ein kleiner Roter

kosten könnte, gäbe es bald keine Religionskriege mehr." Der König sprach vom Rotwein aus Sancerre, der aber nach der Reblauskatastrophe im 19. Jh. fast völlig vom Weißwein verdrängt wurde. Heute setzen anspruchsvolle Winzer in den gut 40 registrierten Appellationsgebieten wieder auf alte Rebsorten und traditionelle Anbautechniken. Weinbauern wie Nicolas Joly arbeiten seit mehreren Jahrzehnten mit Biotrauben und beweisen mit Spitzenlagen wie der Coulée de Serrant in Savennières, dass Natur und hohe Qualität ein Paar sind. Gekeltert wird der weiße Tropfen, der ewig lange gelagert werden kann, aus der weißen Chenin-Traube. „Ein Wein wie Taft", urteilte Rabelais, der natürlich auch die weichen, vollen *moelleux*-Weine schätzte, die am Layon aus süßen, edelfaulen Chenin-Trauben hergestellt werden. Beste Lagen sind Bonnezeaux und Quarts-de-Chaume. Weiße Jahrhundertweine aus Chenin gibt es aber auch am Loir-Fluss, im Weinbaugebiet Jasnières, das wie viele andere seinen Ruf mit Überproduktionen fast ruiniert hatte. Jetzt kehren Winzer zu ihren Wurzeln zurück und produzieren auf kleinen Parzellen große Weine. Für Sekt, der nach derselben Methode wie in der Champagne gekeltert wird, aber den Namen nicht tragen darf, sind die klassischen Häuser wie *Ackerman* oder *Bouvet-Ladubay* weiter die besten Adressen.

ESSEN AUF UNESCO-NIVEAU

2010 wurde die französische Küche als immaterielles Kulturgut anerkannt. Gutes Essen und gute Weine kosten deswegen aber nicht zwingend die Welt. Das Tagesmenü *(menu du jour)* muss nicht die klassischen drei Gänge haben. Immer öfter gibt es zum Mittagessen *(déjeuner)* die Kombination Vorspeise *(entrée)* und Tagesgericht *(plat du jour)* oder Hauptgericht *(plat principal)* und Nachtisch *(dessert)*. Selbst das Abendessen *(dîner)* muss auch in Feinschmeckerrestaurants nicht unbedingt in Völlerei à la Rabelais ausarten. Wer auf Käse oder Kuchen verzichtet, wird schon lange nicht mehr schief angesehen. In Frankreich wird zumeist mittags als auch abends warm gegessen. Eine Ausnahme: Das *apéro dînatoire*, bei dem zum geselligen Aperitif mehr oder weniger elaborierte Snacks serviert werden.

Unsere Empfehlung heute

Vorspeisen

RILLETTES
Schweinebrustaufstrich

RILLAUDS (ANJOU) ODER RILLONS (TOURAINE)
Schweinebruststücke in Gemüsebrühe mit Kräutern geschmort, lauwarm mit Salaten serviert

GALIPETTES GARNIES
Riesenchampignons mit Gemüse oder Hackfleisch gefüllt

PÂTÉ BERRICHON
Pastete mit Ei

Hauptgerichte

LAMPROIE
Neunauge in Rotweinsoße

FOUACE ODER FOUÉE
knusprige Teigtaschen gefüllt mit *rillettes*, Gemüse, Pilzen oder Ziegenkäse

ANGUILLE
gehackter Aal, gekocht in Chinon-Rotwein mit Pilzen und Zwiebeln

ALOSES
frittierte Maifische

QUASI DE VEAU À L'ANGEVINE
Kalbsschenkel mit Schweineschwarte, Zwiebeln und Karotten

RISOTTO À LA TRUFFE NOIRE DE TOURAINE
Risotto mit schwarzen Trüffeln

TOURTE BERRICHONNE
Kartoffelkuchen

POTÉE SOLOGNOTE
deftiger Eintopf mit Fleisch, Kohl und Gemüse

Desserts

TARTE TATIN
warmer, gestürzter Apfelkuchen, mit Vanilleeis oder Crème fraîche serviert

POIRES UND POMMES TAPÉES
im Holzofen gedörrte Birnen und Äpfel, flach gedrückt und in Wein, Zuckersirup oder Alkohol eingelegt

NOUGAT DE TOURS
Mandelkuchen mit Aprikosenmarmelade und kandierten Früchten

CAPRICE BERRICHON
Himbeernusskuchen

SHOPPEN & STÖBERN

VINTAGE

Du liebst es shabby chic? Dann bist du in den Antiquitätenläden von Tours, Angers, Orléans und La Chartre-sur-le-Loir gut aufgehoben. Ein wichtiger Umschlagplatz ist außerdem der Flohmarkt *Les Puces de Montsoreau* jeden zweiten Sonntag eines Monats am Ufer der Loire. Mit etwas Glück ergatterst du ein paar seltene Stücke aus einem der tausend Schlösser und Herrensitze.

EINMAL HANDMADE, BITTE!

Sie sind nicht unbedingt günstig, bieten dafür aber beste Qualität: Die Fayence- und Keramikmanufakturen in Gien *(gien.com)*, Malicorne *(faiencerie-malicorne.com)*, Mehun-sur-Yèvre *(short.travel/loi12)* an der sogenannten Porzellanstraße rund um Bourges oder in Les Rairies *(rairies.com)* im Anjou konfrontieren Tradition des Handwerks und modernes Design. Den perfekten Beweis dafür liefert das in einem Tuffsteinfelsen eröffnete Kunsthandwerkerdorf in Turquant (s. S. 113) mit seiner *Boutique Métiers d'Art (boutique-artisans-dart.fr)*, in der vor allem die Glasbläser, Keramiker, Schmuckhersteller und Designer der kleinen Kommune ihre Produkte präsentieren.

LECKERES ZUM HEIMBRINGEN

Die Liköre aus dem Hause *Combier* in Saumur, Köstlichkeiten wie das Quittengelee *(cotignac)* von Orléans, die Schokoladenspezialität im Schieferdesign aus Angers *(quernons d'ardoise)*, die Kirschen in kandiertem Maronenteig *(muscadin)* aus Langeais oder die ersten gefüllten Bonbons der Welt, die *forestines* aus Bourges, musst du daheim lange suchen. Ganz zu schweigen von den Fischdelikatessen aus der Loire wie Aal, Neunauge oder Zander, die in

Lass Platz im Kofferraum für edle Fayence aus Malicorne (li.) und köstliche Loire-Weine (re.)

Konserven ohne Probleme die Heimreise überstehen. Auch beim Käsekauf ist die Qual der Wahl groß: Soll's der kleine runde *crottin de Chavignol* sein, die mit Asche bestreute stumpfe *pyramide de Valençay* oder der Käsescheit auf seinem Strohhalmbett aus *Ste-Maure-de-Touraine?*

WIE KÖNIGE

Comme des rois (41bc.fr) heißt das flippige Modelabel, das drei Freunde aus Liebe zum Loire-Tal ins Leben gerufen haben. Ihre T-Shirts, Tragotaschen und Schürzen spielen subtil auf die Geschichte der Region an: Stilisierte Porträts der regionalen Helden von Jeanne d'Arc bis François I sowie allegorische Embleme der einstigen Herrscher wie Hirsch, Stachelschwein oder Salamander sind die Klassiker, die du in den Boutiquen vieler Schlösser und Fremdenverkehrsämter findest.

BLOSS NICHTS VERSCHÜTTEN

Lass dir Zeit beim Probieren in den Weinkellern von Sancerre, Chinon oder auf den Hügeln des Layon. Die Weinhäuser *(maisons de vin)* in Städten und Gemeinden geben einen guten Überblick über die Produktion der einzelnen Gegenden mit einer großen Auswahl von verschiedenen Winzern *(vinsdeloire.fr)*.

Überall in der Gegend findest du zudem Winzer, die ihre Weinkeller für Interessenten öffnen. Um die edlen Tropfen auf dem Rad zu transportieren, hat Denis Chapron die *Bouclée vélo (shop.labouclee.com)* designt und sich seine Idee sogleich patentieren lassen. Die Vorrichtung aus schickem Leder mit einer guten Flasche Wein drinnen mitgebracht, und du hast die Gunst der Daheimgebliebenen für einige Monate sicher.

INSIDER-TIPP
Mit dem Wein auf Radtour

SPORT

Ein Königreich für Aktivurlauber: Schon die Fürsten vergangener Zeiten gaben sich im Loire-Tal ihren Hobbys hin – damals vornehmlich dem Reiten und Jagen. Bei ihren Nachkommen geht es heute etwas ruhiger und friedlicher, aber ausgesprochen vielfältig zu.

ACCROBRANCHE

Die Wortneuschöpfung aus „accroché" (hängend) und „branche" (Ast) umschreibt nichts anderes als die Aktivität in einem Klettergarten, wobei die Franzosen „faire de l'accrobranche" sagen.

Immer mehr Baumwipfel im Loire-Tal wurden in den vergangenen Jahren von kletterwütigen Abenteurern erschlossen: Ob in *Saint-Benoît- la-Forêt* (s. S. 90) bei Chinon, im *Forest Aventures (parc49-saumurforestaventures.fr)* in Saumur, im *Léo Parc Aventure (leo-parc-aventure.fr)* in Saint-Jean-le-Blanc bei Orléans oder im *Tépacap Anjou (tepacap-anjou.fr)*, Adrenalinjunkies können sich hier voll ausleben.

BOULE DE FORT

Die Kugel ist nicht rund und die Bahn nicht einmal eben. Niemand weiß so recht, woher diese regionale Variante des provenzalischen Pétanque-Spiels, die im Anjou zwischen Angers und Saumur gespielt wird, stammt. Auf der gekrümmten, heute meist überdachten Bahn von 25 m Länge und 6 m Breite geht es wie am Mittelmeer darum, das Gerät aus Esche, das von halbflachem Eisen eingefasst ist, so nah wie möglich an den *maître,* eine Minikugel aus Buchsbaumholz, zu rollen. Das Spiel ist seit Mitte des 19. Jhs. wieder populär, die ehemals engen, ausschließlich von Männern beherrschten Zirkel öffnen sich langsam. *fedebouledefort.fr*

Schon abwechslungsreich: Kanu- und Kajaktouren auf der Loire und ihren Nebenflüssen

GOLF

Golfen ist längst nicht mehr nur ein Hobby für Begüterte. Im Loire-Tal finden Reisende ein großes Angebot wie den 27-Loch-Parcours in *Sully-sur-Loire (short.travel/loi13)*. Selbst für Anfänger geeignet ist der Golfplatz von *St-Thibault* bei Sancerre *(golfdesancerre.com)* an einem Seitenarm der Loire. Anfänger und Besucher sind ebenfalls willkommen in der Anlage von *Verneuil* bei Loches *(golf-lochesverneuil.fr)*. Ein Klassiker ist dagegen der Parcours in den ehemaligen Jagdgründen von *Cheverny (golf-cheverny.com)*, der für einen Tag in der Hochsaison 59 und ansonsten 45 Euro kostet. Schön am *Château de la Perrière* liegt der Platz in Avrillé neben Angers *(bluegreen.fr/avrille)*.

KANU & KAJAK

Auch für Kanu- und Kajakfahrer ist der Fluss wegen seiner abwechslungsreichen Landschaft interessant. Auf der Strecke bei Orléans zwischen den Orten *Meung-sur-Loire, Beaugency* und *Chécy* kannst du Biber und Kormorane entdecken. Besonders eindrucksvoll ist die Ganztagstour von *L'Ile-Bouchard* (beim Zusammenfluss von Vienne und Creuse) über *Chinon* bis *Montsoreau*, wo die Vienne dann in die Loire mündet.

Von St-Satur bei Sancerre *(loirenaturedecouverte.com)* (siehe Erlebnistour 3) über Vineuil *(loirekayak.com)* bis Les-Ponts-de-Ce bei Angers *(canoekayakdespontsdece.fr)* gibt es entlang der Loire, aber auch an den Nebenflüssen viele Möglichkeiten, das Wasser mit dem Paddel zu erkunden. Beliebt sind Abendfahrten und Mehrtagesfahrten mit Übernachtung in Biwaks.

Allgemeine Informationen gibt es beim *Comité Régional de la Fédération Française de Canoë-Kajak (crck-cvl.*

assoconnect.com) sowie über die regionalen Tourismusvereine.

RADFAHREN

Die Täler der Loire und ihrer Nebenflüsse sind wie geschaffen für Zweiräder. Die Steigungen halten sich in Grenzen, der Ausblick auf den großen Strom und die Schlösser sorgt immer wieder für überraschende und neue Perspektiven. Seitdem die Unesco das Tal zum Welterbe erklärt hat, wurde der Ausbau des Radwegenetzes mit Volldampf vorangetrieben. 2012 wurde das ehrgeizige, 50 Mio. Euro teure Projekt ★ *La Loire à Vélo* mit vielen schönen Strecken abgeschlossen. Der insgesamt rund 900 km lange Radweg von Nevers bis zum Atlantik ist Teil des 4400 km langen europäischen Radwanderwegs *EuroVelo 6 (de.eurovelo.com/ev6)*, der am Schwarzen Meer beginnend entlang der großen Flüsse verläuft. Der 21 km lange Parcours zwischen Montjean-sur-Loire und Savennières mit seinen Wegen über die Loire-Inseln vor Chalonnes und Béhuard im Anjou ist ein besonders schöner Abschnitt. Ebenfalls zu empfehlen ist die 120 km lange Strecke zwischen Tours und Angers.

Mittlerweile haben sich mehrere Hundert Hotels, Campingplätze und Gästezimmervermieter verpflichtet, die Radler mit allem Notwendigen wie Streckenkarten und Gepäcknachlieferung zu versorgen. Natürlich gibt es auch viele Fahrradverleihe, wie *Détours de Loire (detoursdeloire.com)* mit mehreren Niederlassungen entlang des Flusses. Informationen gibt es sogar auf Deutsch unter *loire-radweg.org* und auf Französisch und Englisch auf der auf Schlosstouren spezia-

Seit Königs Zeiten ist das Loire-Tal ist ein herrliches Revier für Reiter lisierten Website *chateauxavelo.co.uk.* Ein sehr schöner Radwanderweg auf einer aufgegebenen Eisenbahnstrecke ist die knapp 40 km lange *Voie Verte* von Le Lude über La Flèche bis nach Baugé-en-Anjou, die vom großen Schloss über den kleinen Loir-Fluss, den Zoo bis zu den merkwürdig gedrehten Kirchtürmen jede Menge Sehenswürdigkeiten bietet *(tourisme-bauge.com).*

Mehr als zehn Touren speziell für Mountainbiker sind zwischen Fluss und Weinbergen an den Ufern von Layon und Aubance ausgeschildert (detaillierte Tourenpläne findest du unter „Nos circuits VTT" auf *loire-layon-aubance-tourisme.com*). Sie führen zu kleinen architektonischen Kostbarkeiten wie Kapellen, Mühlen und alten Brücken.

Achte beim Radeln auf Schilder vor den Häusern! Vielerorts bieten die Einheimischen, bei denen die vielbefahrenen Radrouten vorbeiführen, nämlich Obst und Gemüse aus eigenem Anbau zum Verkauf an. Eine besonders angenehme Überraschung erwartet dich in Candé-sur-Beuvron zwischen Blois und Amboise: In einer Scheune findest du einen alten Kühlschrank mit kalten Getränken, eine Kaffeemaschine und einen Wasserkocher zur Selbstbedienung. Eine Toilette steht auch zur Verfügung. Kostenpunkt: Du zahlst, was du willst und kannst.

INSIDER-TIPP
So geht Gastfreundschaft!

REITEN

Das Loire-Tal ist stolz auf seine großen Reitschulen wie den *Cadre Noir* in Saumur oder die Gestüte in Angers und Blois. Tages- oder Wochentouren mit Übernachtung gehören zum Angebot der regionalen Vereine. Sämtliche Informationen zur Planung von Ausritten oder eines Reiturlaubs bekommst du bei der *Fédération Française d'Équitation* unter dem Stichwort „Tourisme Équestre" auf *ffe.com/tourisme.*

WANDERN

An Wanderwegen durch das Loire-Tal mangelt es nicht. Die *Fédération Française de la Randonnée Pédestre (ffrandonnee.fr)* hat für praktisch jedes Minigebiet im Loire-Tal Wanderführer mit ausführlichen Informationen herausgegeben, z. B. „Anjou à pied" mit 49 Tourenvorschlägen.

Sehr gute Tipps auch für kürzere Strecken wie beispielsweise eine 4–5 km lange Tour unter dem Motto „Un Tendre Cœur de Pierre" durch das Tuffsteingebiet im Dorf *Turquant* abseits der großen Wanderwege gibt der *Parc Naturel Régional Loire, Anjou, Touraine* heraus. Auf der Internetseite *parc-loire-anjou-touraine.fr/sentiers-dinterpretation* kannst du die Routen als PDF herunterladen.

Im regionalen *Naturpark Brenne* (s. S. 80) bekommst du über seine Wanderwege mit den integrierten Vogelbeobachtungsstationen schöne Einblicke in die Welt der Teiche im Süden der Touraine. Von der *Maison du Parc* in Rosnay-Le Bouchet sind es 6,5 km zum Weiler Le Blizon, von dem aus ein 11 km langer Weg zu Sumpfschildkröten-Kolonien ausgeschildert ist.

DIE REGIONEN IM ÜBERBLICK

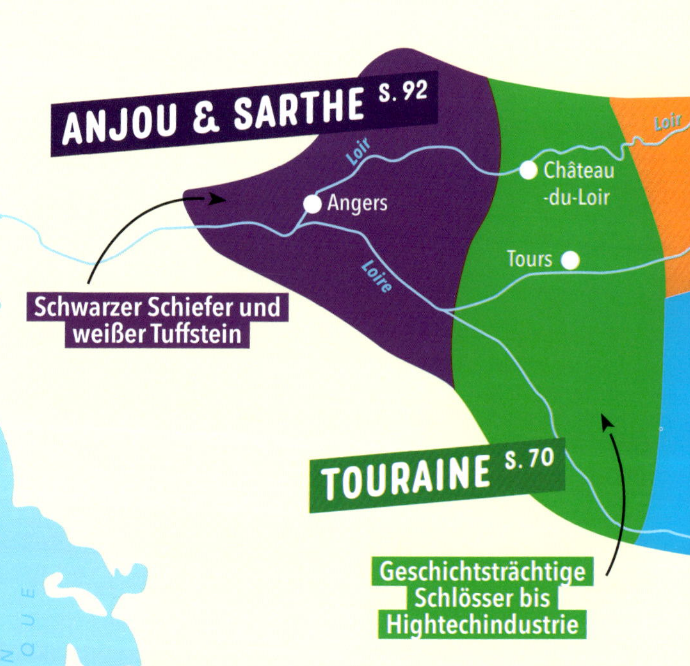

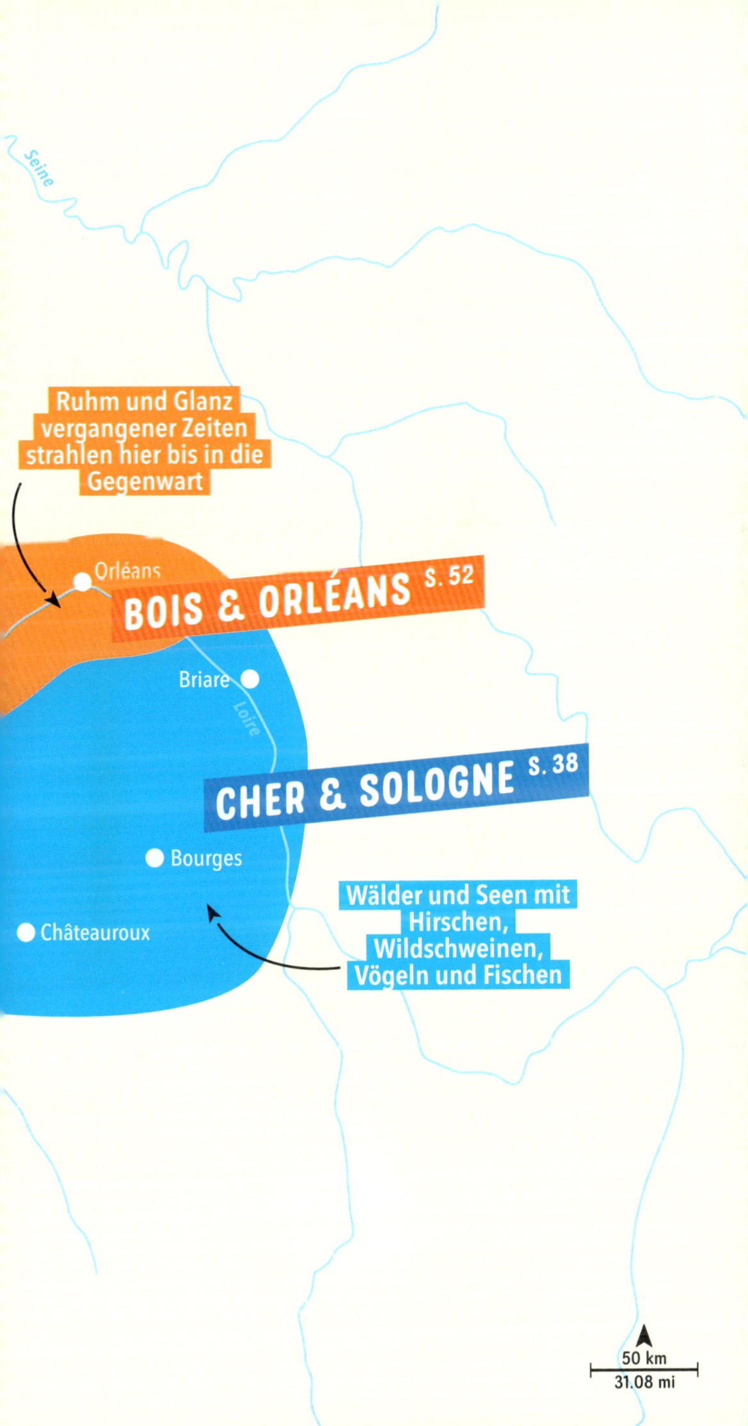
Seine
Ruhm und Glanz vergangener Zeiten strahlen hier bis in die Gegenwart
Orléans
BOIS & ORLÉANS S. 52
Briare
Loire
CHER & SOLOGNE S. 38
Bourges
Châteauroux
Wälder und Seen mit Hirschen, Wildschweinen, Vögeln und Fischen
50 km
31.08 mi

CHER & SOLOGNE

IN DER PUREN NATUR

Das Département Cher mit seinen schachbrettartig angelegten Feldern, den Weinbergen rund um Sancerre, seinen Wäldern und Seen ist Teil der Region Centre-Val de Loire im Herzen Frankreichs. Es ist nach dem gleichnamigen Fluss benannt, der das Département westlich von Bourges durchfließt, seinen Weg Richtung Touraine fortsetzt, wo er sich schließlich in die Loire wirft.

Bourges gilt bis heute als die Hauptstadt des Berry. Auch wenn es diese Region seit der Französischen Revolution offiziell nicht mehr gibt, ver-

Die hohe Kunst des Kreuzrippengewölbes – zu bewundern in der Kathedrale von Bourges

marktet sich die Gegend unter dem historischen Namen, an dem der Glanz der Vergangenheit haftet. Zwischen Loire im Norden und Cher im Südwesten liegt die Sologne, ein 5000 km² große Waldgebiet mit rund 3000 Teichen im Dreieck der Städte Orléans, Blois und Vierzon. Von einer der ärmsten Gegenden des Lands brachte sie es zu bescheidenem Wohlstand. Das vermögende Frankreich trifft sich hier im Herbst gerne zum Jagen auf den Herrensitzen. Aber nicht nur Jäger und Angler, auch Radler und Wanderer kommen hier voll auf ihre Kosten.

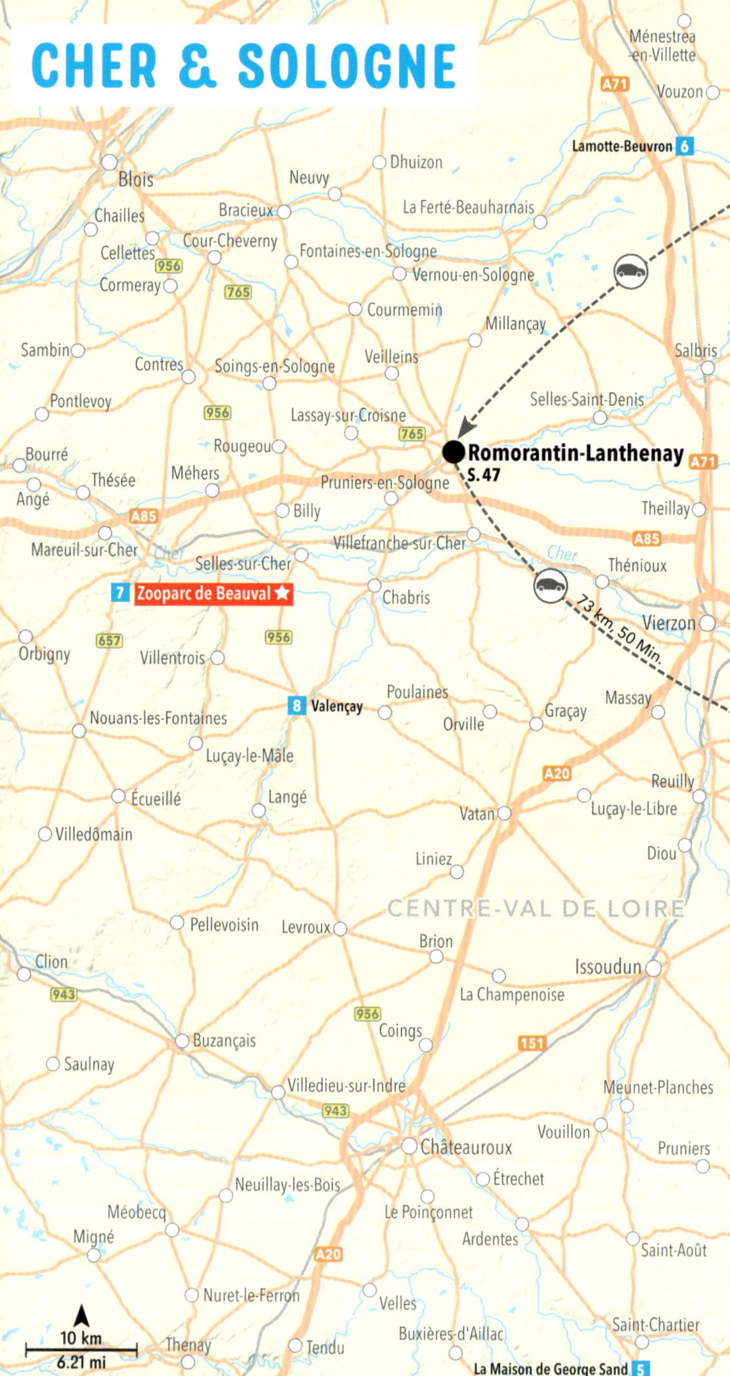
CHER & SOLOGNE
Ménestrea-en-Villette
A71
Vouzon
Lamotte-Beuvron 6
Dhuizon
Neuvy
Blois
Bracieux
La Ferté-Beauharnais
Chailles
Cour-Cheverny
Cellettes
956
Fontaines-en-Sologne
Vernou-en-Sologne
Cormeray
765
Courmemin
Millançay
Sambin
Salbris
Contres
Soings-en-Sologne
Veilleins
Pontlevoy
Selles-Saint-Denis
956
Lassay-sur-Croisne
765
Rougeou
Bourré
Romorantin-Lanthenay
S. 47
A71
Thésée
Méhers
Angé
Pruniers-en-Sologne
Billy
Theillay
A85
Mareuil-sur-Cher
Villefranche-sur-Cher
A85
Cher
Selles-sur-Cher
Cher
Thénioux
7 Zooparc de Beauval
Chabris
73 km, 50 Min.
Vierzon
657
956
Orbigny
Villentrois
Poulaines
Massay
8 Valençay
Graçay
Nouans-les-Fontaines
Orville
Luçay-le-Mâle
A20
Reuilly
Écueillé
Langé
Luçay-le-Libre
Vatan
Villedômain
Diou
Liniez
CENTRE-VAL DE LOIRE
Pellevoisin
Levroux
Brion
Clion
Issoudun
La Champenoise
943
956
Coings
Buzançais
151
Saulnay
Villedieu-sur-Indre
Meunet-Planches
943
Vouillon
Châteauroux
Pruniers
Étrechet
Neuillay-les-Bois
Méobecq
Le Poinçonnet
Migné
Ardentes
Saint-Août
A20
Nuret-le-Ferron
Velles
10 km
6.21 mi
Thenay
Tendu
Buxières-d'Aillac
Saint-Chartier
La Maison de George Sand 5

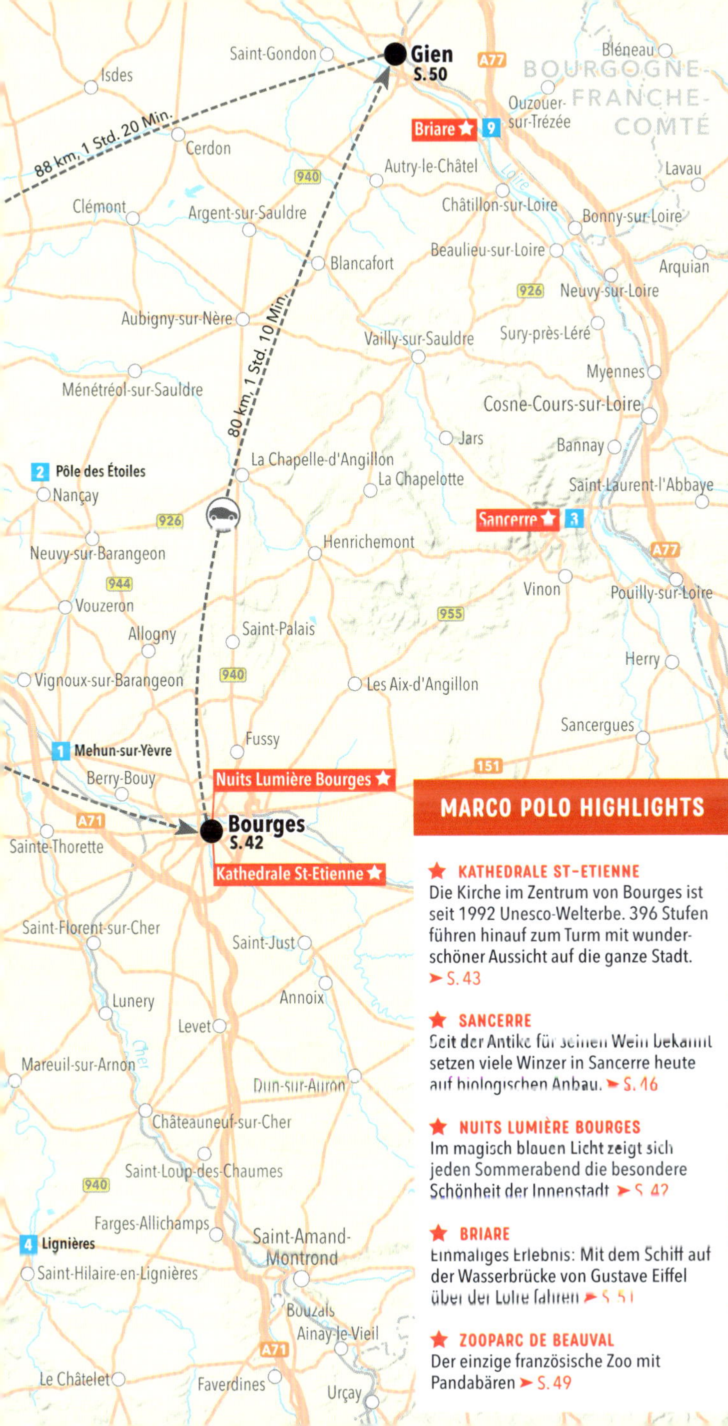

Gien
S. 50
Saint-Gondon
Isdes
Bléneau
A77
BOURGOGNE-FRANCHE-COMTÉ
Ouzouer-sur-Trézée
Briare
9
88 km, 1 Std. 20 Min.
Cerdon
940
Autry-le-Châtel
Lavau
Loire
Clémont
Argent-sur-Sauldre
Châtillon-sur-Loire
Bonny-sur-Loire
Beaulieu-sur-Loire
Blancafort
Arquian
926
Neuvy-sur-Loire
Aubigny-sur-Nère
80 km, 1 Std. 10 Min.
Vailly-sur-Sauldre
Sury-près-Léré
Myennes
Ménétréol-sur-Sauldre
Cosne-Cours-sur-Loire
Jars
Bannay
2 Pôle des Étoiles
La Chapelle-d'Angillon
La Chapelotte
Nançay
Saint-Laurent-l'Abbaye
926
Sancerre
3
Henrichemont
A77
Neuvy-sur-Barangeon
944
Vinon
Pouilly-sur-Loire
Vouzeron
955
Allogny
Saint-Palais
Herry
Vignoux-sur-Barangeon
940
Les Aix-d'Angillon
Sancergues
Fussy
1 Mehun-sur-Yèvre
151
Berry-Bouy
Nuits Lumière Bourges
MARCO POLO HIGHLIGHTS
A71
Bourges
S. 42
Sainte-Thorette
Kathedrale St-Etienne
KATHEDRALE ST-ETIENNE
Die Kirche im Zentrum von Bourges ist seit 1992 Unesco-Welterbe. 396 Stufen führen hinauf zum Turm mit wunderschöner Aussicht auf die ganze Stadt. ➤ S. 43
Saint-Florent-sur-Cher
Saint-Just
Annoix
Lunery
Levet
SANCERRE
Seit der Antike für seinen Wein bekannt setzen viele Winzer in Sancerre heute auf biologischen Anbau. ➤ S. 46
Cher
Mareuil-sur-Arnon
Dun-sur-Auron
Châteauneuf-sur-Cher
NUITS LUMIÈRE BOURGES
Im magisch blauen Licht zeigt sich jeden Sommerabend die besondere Schönheit der Innenstadt ➤ S. 42
Saint-Loup-des-Chaumes
940
Farges-Allichamps
Saint-Amand-Montrond
BRIARE
4 Lignières
Einmaliges Erlebnis: Mit dem Schiff auf der Wasserbrücke von Gustave Eiffel über der Loire fahren ➤ S. 51
Saint-Hilaire-en-Lignières
Bouzais
Ainay-le-Vieil
A71
ZOOPARC DE BEAUVAL
Der einzige französische Zoo mit Pandabären ➤ S. 49
Le Châtelet
Faverdines
Urçay

BOURGES

(⧉ L–M7) **Egal aus welcher Richtung du kommst, schon weit vor den Stadttoren siehst du in der Ferne die imposante Kathedrale auftauchen.**

Bourges (64 500 Ew.), das römische Avaricum, war Schauplatz des großen Eroberungsfeldzugs Julius Cäsars, bei dem 52 v. Chr. rund 40 000 Gallier starben. Zwischen dem 12. und dem 15. Jh. erlebte die Stadt ihr goldenes Zeitalter. Heute setzt Bourges, das lange Zeit von der Rüstungsindustrie lebte, vor allem auf Kultur, hat 1964 die erste *Maison de la Culture* im Land eröffnet und ist mit dem Festival *Printemps de Bourges* ein beliebter Treffpunkt für Musiker aus der Pop-, Rock- und Folkszene der ganzen Welt.

In der Altstadt von Bourges schmiegen sich die Häuser an gewundene Gassen

SIGHTSEEING

Wenn du mehr als zwei städtische Museen besichtigen möchtest, lohnt sich der drei Tage lang gültige Museumspass für 13 Euro.

ALTSTADT

Die Altstadt mit Fachwerkhäusern und Patrizierbauten aus Gotik und Renaissance steht unter Denkmalschutz. Ein schöner Rundweg *(rund 1½ Std., Broschüre in deutscher Sprache gibt es im Office de Tourisme)* führt von der mächtigen Kathedrale über die *Rue Bourbonnoux*, die *Place Gordaine*, die *Place Cujas* und die *Rue Jacques Cœur* zu den wichtigsten Gebäuden. Die *Maison des Forestines*, in der vor über 100 Jahren das gefüllte Bonbon erfunden wurde, ist nach einem verheerenden Brand in der historischen Verkaufsstelle an der Place Cujas in der *Rue Mirebeau* zu finden.

Der mittelalterliche Stadtkern von Bourges präsentiert sich in Sommernächten jeden Abend *(Juli/Aug. 2 Std. ab Einbruch der Dunkelheit)* wie im Märchen: Bei den lokalen ★ *Nuits Lumière* ist die ganze Stadt magisch blaues Licht getaucht, und mit modernster Technologie werden Szenen aus der Geschichte auf historische Gebäude, wie den Palais Jacques Cœur oder das Hôtel Lallemant, projiziert. Im Gegensatz zu vielen anderen „Son et Lumière"-Spektakeln ist der 2 km lange Weg durch die Stadt aber kostenlos.

Für ausgedehnte Gourmetpausen empfehlen sich vor allem die liebevoll deko-

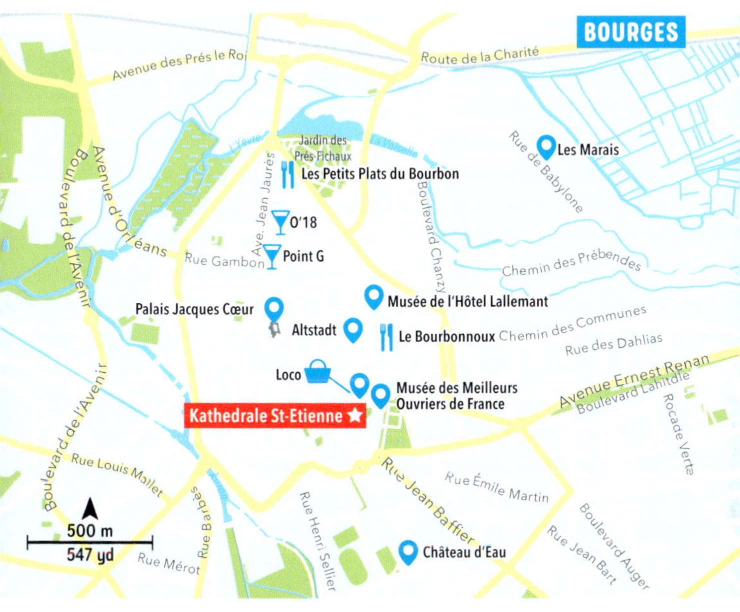

rierten Kaffee- und Teehäuser von Bourges wie etwa *Cake Thé (Di–Sa 14–19, So 15–19 Uhr | passage des remparts | Tel. 02 48 24 94 60)* an der Stadtmauer.

KATHEDRALE ST-ETIENNE ★

Gigantisch trifft es wohl am besten. Schon aus der Ferne zeichnet sich die im 12./13. Jh. errichtete gotische Kathedrale am Horizont ab, und stehst du dann vor ihr, fühlst du dich plötzlich ganz winzig. 1992 wurde sie von der Unesco zum Welterbe erklärt. Wirf unbedingt einen Blick auf das Hauptportal mit den Szenen des Jüngsten Gerichts, die herrlichen Glasfenster aus dem 13., 15. und 16. Jh. und die Orgel aus dem 17. Jh. mit ihren 3430 Pfeifen. Die Besichtigung der Krypta und die Turmbesteigung nach 396 Stufen hast du eine wunderschöne Aussicht über die ganze Stadt – sind den Eintritt wert. *8 Euro, Kombiticket mit Palais Jacques Cœur 12 Euro, Nov.–Mai 1. Sonntag im Monat Eintritt frei | bourges-cathedrale.fr*

MUSÉE DES MEILLEURS OUVRIERS DE FRANCE

Im ehemaligen erzbischöflichen Palast nur ein paar Schritte von der Kathedrale entfernt beherbergt Bourges ein weiteres städtisches Museum, das den besten Handwerkern Frankreichs gewidmet ist. Dauerausstellung mit Meisterwerken aus 200 Berufen, die seit 1924 von der französischen Regierung mit Preisen bedacht wurden. *Mi–Mo 10–12 und 14–18 Uhr | 4, außerhalb der Sonderausstellungen 3 Euro | place Etienne Dolet | ville-bourges.fr/site/musees | 1 Std.*

PALAIS JACQUES CŒUR

Er war nur der Sohn eines einfachen Händlers in Bourges, stieg aber unter König Charles VII unaufhaltsam auf – erst zum königlichen Schatzmeister und dann zum Außenminister. Als Bankier, Waffenhändler und Importeur wurde Jacques Cœur unermesslich reich und baute sich 1443 auf der gallisch-römischen Stadtmauer einen seiner Stellung angemessenen, großen gotischen Palast. *Tgl. 9.30/ 10–12.15/12.45, 14–17.15/18.15 Uhr je nach Jahreszeit | 8 Euro, Nov.–Mai 1. Sonntag im Monat Eintritt frei | 10 bis, rue Jacques Cœur | palais-jacques-coeur.fr | 1½ Std.*

MUSÉE DE L'HÔTEL LALLEMANT

Das städtische Kunstgewerbemuseum im *Hôtel Lallemant,* das Möbel, Tapisserien, Fayencen sowie Malerei des 16. bis 19. Jhs. beherbergt, ist besonders interessant. Das ehemalige Patrizierhaus ist auch architektonisch von Bedeutung: Zu Beginn des 16. Jhs. läuteten das Gebäude zusammen mit dem Hôtel Cujas die Renaissance in Bourges ein. Beide Gebäude werden derzeit aufwendig saniert und sind während der Bauarbeiten nicht zugänglich. *ville-bourges.fr/site/musees*

CHÂTEAU D'EAU

Zur Abwechslung mal kein Schloss, sondern ein Wasserturm! Die heißen auf Französisch nämlich ganz poetisch „Wasserschlösser". Der Wasserturm von Bourges mit seiner Backsteinfassade und dem kunstvoll gestalteten Giebel ist schon seit 1940 nicht mehr aktiv. Heute befindet sich hier das *Château d'Art,* also das „Kunstschloss", das in erster Linie zeitgenössische Werke ausstellt. *Di–So 15–19 Uhr | Eintritt frei | Place Séraucourt | ville-bourges.fr/site/chateau-eau | 30 Min.*

LES MARAIS

Diese grüne Lunge im Nordosten der Stadt bilden rund 1500 Schrebergärten in einem ehemaligen Sumpfgebiet von 1,5 km² Größe. An jedem ersten Septemberwochenende wird hier, 15 Minuten zu Fuß von der Kathedrale entfernt, die *Fête des Marais* gefeiert, ein Volksfest mit viel Musik, Flohmarkt, Vorführungen der Feuerwehr und Kahnfahrten auf den Kanälen. *Zugang über av. Max Dormoy*

ESSEN & TRINKEN

LE BOURBONNOUX

Das Ehepaar Huard betreibt das traditionelle Restaurant in der Altstadt. Produkte der Region, gutes Preis-Leistungs-Verhältnis. *So-Abend geschl. | 44, rue Bourbonnoux | Tel. 02 48 24 14 76 | bourbonnoux.com | €€*

LES PETITS PLATS DU BOURBON

Bistrot in einer ehemaligen Klosterkirche. Einmaliges Ambiente und ein super Preis-Leistungs-Verhältnis. *So u. Mo-Mittag geschl. | 60–62, av. Jean Jaurès | Tel. 02 48 70 79 90 | lespetitsplatsdubourbon.com | €€*

SHOPPEN

LOCO

Hier kannst du mit deinem Souvenirkauf die lokalen Kunsthandwerker unterstützen. Der Laden der örtlichen

Les Petits Plats du Bourbon: klösterlicher Rahmen für die Bistrospeisen der Sterneköche

Handwerkskammer direkt an der Kathedrale hat viele kreative Einzelstücke im Angebot. Perfekt, wenn du keine Lust auf Souvenirs made in China hast. *Di–So | 6, place Etienne Dolet | Facebook: LOCO – Boutique Artisanat Bourges*

AUSGEHEN & FEIERN

O'18

Industrial pub, hier gibt es Cocktails, Bier und Menus im Industrielook. *27 bis, av. Jean Jaurès | o-18.fr*

POINT G

Als Universitätsstadt mit rund 5000 Studenten hat Bourges viele Cafés, Bars und Diskos wie den *Point G*, wo mittwochs bis samstags die Nacht zum Tag wird. *10, place Henri Mirpied | Facebook: Discotheque Le PointG*

RUND UM BOURGES

1 MEHUN-SUR-YÈVRE

20 km/25 Min. von Bourges (Auto)

Dieses kleine Städtchen (6500 Ew.) hat in der Vergangenheit recht glorreiche Tage erlebt, als Charles VII im Jahr 1422 zum König erklärt wurde und Jeanne d'Arc einige Monate hier verbrachte, bevor sie Orléans von den Engländern befreite.

Wunderschön ist der Park an den Ufern des Yèvre-Flusses *(Les Jardins du Duc Jean de Berry)* mit der Schlossruine, der romanischen Kirche, alten Mühlen und dem Porzellanzentrum *Pôle de la Porcelaine (Juli/Aug. tgl. 10.30–12.30 u. 14.30–18.30, Mai/*

Seit der Antike macht Sancerre in Wein – mit allerfeinstem Ergebnis

Juni, Sept. Di–So 14.30–18.30, März/April, Okt. Sa/So 14.30–18.30 Uhr | Eintritt 6 Euro | short.travel/loi12) mit Austellungen und Führungen. L7

2 PÔLE DES ÉTOILES

39 km/40 Min. von Bourges (Auto)

Die Außenstelle des Pariser Observatoriums in Nançay ist ein Must für große und kleine Astronomen: In einer Dauerausstellung geht es um das Universum und seine Erforschung vor Ort.

INSIDER-TIPP
Enttäuschung vorbeugen

Reservier unbedingt vorab über die Website eine Führung, um dir das riesige Radioteleskop und den Radioheliographen auf dem Gelände erklären zu lassen. Auch fürs Planetarium solltest du reservieren, da die Plätze begrenzt sind. Achtung: Lunchpakete mitbringen! Es gibt kein Restaurant, aber bei gutem Wetter kann vor Ort gepicknickt werden. *Feb.–Dez. tgl. 9.30–12.30 u. 13.30–17.30 Uhr, Juli/Aug. bis 18.30 Uhr | Eintritt 12 (Ausstellung, Planetarium u. Führung), Kinder von 6–16 Jahren 8,50 Euro | Route de Souesmes | poledesetoiles.fr | 3 Std. |* L6

3 SANCERRE ★

46 km/40 Min. von Bourges (Auto)

Idyllisch schmiegt sich die kleine Stadt (1300 Ew.) an den 321 m hohen Hügel über der Loire. Seit der Antike ist der Ort bekannt für seinen Wein. Von der *Esplanade de la Porte César* mit der Touristeninformation aus lohnt sich der Spaziergang durch die Altstadt mit ihren Straßencafés und Restaurants bis zur *Tour des Fiefs,* dem einzigen Rest des 1621 zerstörten Schlosses. Die Winzer der Gegend haben sich zur *Maison des Sancerre (3, rue du Méridien | Tel. 02 48 54 11 35 | maison-des-sancerre.com)* zusammengeschlossen. Bei einem Rundgang *(5, mit Weinprobe 10 Euro)* erfährst du hier in ca. einer Stunde alles, was du schon immer über das Winzerhandwerk wissen wolltest. Die *Domaine Fouassier (180, av. de Verdun | Tel. 02 48 54 02 34 | fouassier.fr)* schwört wie viele kleinere Weinbauern inzwischen auf biologischen Anbau der Trauben. In der *Auberge de St-Thibault (Mi/Do geschl. | 37, rue du Capitaine Jacques Combes | Tel. 02 48 78 04 10 | hotel-restaurant-saintsatur.fr | €€–€€€)* in dem Ort St-Satur, 3 km östlich von

Sancerre in Richtung Loire gelegen, kannst du wunderbar essen und bei Bedarf auch günstig übernachten.

Für Nervenkitzel sorgt 5 km südwestlich in Bué die Gleitschirmschule *Rêv'd'Ailes (1, rue de la Cure | revdailes.com)*, was übersetzt so viel wie „Traum von Flügeln" heißt. Diesen Traum erfüllt dir auf Anfrage Xavier Bouquet, der vor über dreißig Jahren dem Gleitschirmfliegen verfallen ist. Für 140 Euro/Tag, 500 Euro/Einführungswochenende oder 600 Euro/5 Tage verleiht er auch dir Flügel. *N6*

4 LIGNIÈRES

44 km/45 Min. von Bourges (Auto)

Beliebte französische Liedermacher und Sängerinnen wie Camille, Cali oder Renan Luce kannst du auch in der Provinz treffen. Z. B. in diesem Tausend-Seelen-Örtchen. Hier haben Annie und Jean-Claude Marchet in den 1970er-Jahren den Kulturverein *Les Bains-Douches (Sept.–Juni | Eintritt 23/24 Euro | Place Anne Sylvestre | bainsdouches-lignieres.fr)* gegründet, der es mittlerweile zu einem gewissen Renommee in der Gegend gebracht hat.

INSIDER-TIPP
Der perfekte Chanson-abend

Mit etwas Glück stößt du hier auf einen aufsteigenden Stern des Nouvelle Chanson! *L8*

5 LA MAISON DE GEORGE SAND

70 km/1 Std. 10 Min. von Bourges (Auto)

Amantine Aurore Lucile Dupin de Francueil war ihrer Zeit um Lichtjahre voraus: Anfang des 19. Jhs. ließ sie sich scheiden, trug Männerkleider, engagierte sich politisch und lebte ihre Sexualität aus. Im Berry steht das Herrenhaus, in dem die Frau, die unter dem Künstlernamen George Sand bekannt wurde, aufwuchs und später den Großteil ihres Werks verfasste.

Tauch in die Welt der rebellischen Schriftstellerin ein und schau dir an, wo sie mit ihren Freunden und Liebhabern, unter ihnen Frédéric Chopin, Gustave Flaubert und Franz Liszt, zusammenkam. *Tgl. Okt.–März 10–12.30, 13.30–17, April–Juni, Sept. 10–12.30, 14–18, Juli/Aug. 9.30–13, 14–18.30 Uhr | Eintritt 8 Euro, Nov.–Mai 1. Sonntag im Monat Eintritt frei | 2, place Sainte-Anne | Nohant-Vic | maisongeorge-sand.fr | 1 Std. | O*

ROMORANTIN-LANTHENAY

(K6) **Die kleine Hauptstadt der Sologne (18 000 Ew.), idyllisch an den Armen des Sauldre-Flusses gelegen, war im 18. Jh. ein wichtiges Textilzentrum.**

Heute ist sie ein guter Ausgangspunkt für Entdeckungen in der Sologne.

SIGHTSEEING

MUSÉE DE SOLOGNE

In dem Museum in zwei alten Mühlen und dem *Jacquemart*-Turm wird die Geschichte der Region dokumentiert, in der einst Leonardo da Vinci eine neue Königsresidenz bauen sollte. *Mi–Mo 9/10–12 u. 14–17/18 Uhr, Juli/Aug. tgl.,*

Feb.–April, Nov./Dez. So nur nachmittags, Jan. geschl. | 7 Euro | Moulin du Chapitre | museedesologne.com | 1½ Std.

ESPACE AUTOMOBILES MATRA

Die Geschichte von Aufstieg und Fall einer feinen Autoschmiede, die einst Formel-1-Rennen gewann und mit dem Renault Espace Europas erste Großraumlimousine konzipierte, aber am Luxuscoupé Avantime scheiterte, wird in diesem Museum dokumentiert. *Mo–Fr 9–12, 14–18, Sa/So 10–12, 14–18 Uhr, Di geschl. außer während der örtlichen Schulferien | Eintritt 7, Kinder 8–16 Jahre und Studenten 5 Euro | 17, rue des Capucins | museematra.com | 1½ Std.*

ESSEN & TRINKEN

LE BISTROT DU GRAND LIOT

9 km südöstlich liegt die Domaine du Grand Liot, ein ehemaliges Schullandheim, das Charline und Maxime Sainjon 2021 gekauft haben, um hier ihren Traum zu verwirklichen. Lehrbauernhof, Festsaal, Übernachtung und Restaurant, alles unter dem Credo: Slow Tourism. Bei Tisch erwarten dich regionale Gerichte in modern-rustikalem Ambiente. *So–Di u. Mi abends geschl. | Langon-sur-Cher | Tel. 06 12 09 52 85 | Facebook: Bistrot du grand liot | €€*

LE LANTHENAY

Alain Champion hat das ehemalige Sternerestaurant neben der Kirche von Lanthenay übernommen und das Haus gründlich renoviert. *So-Abend, Mo geschl. | 9, rue Notre Dame du Lieu | Tel. 02 54 98 35 94 | hotel-restaurant-le-lanthenay.fr | €€*

LE MANOIR

In Contres (27 km im Westen) hat das deutsch-französische Paar Maria und Victor Orsenne in einem wunderschönen Herrensitz ein Feinschmeckerrestaurant eingerichtet. Willst du nach den vier Gängen direkt ins Bett fallen, reservierst du ein Zimmer im angegliederten *Hotel (8 Zi. | €€€). 23, rue des Combattants en AFN | Tel. 02 54 78 45 39 | manoirdecontres.com | €€–€€€*

SPORT & SPASS

In der Sologne mit ihren Wäldern und Teichen informiert über Wanderpfade der Verein *Sologne Nature Environnement (parc de Beauvais | Tel. 02 54 76 27 18 | sologne-nature.org).* Auch individuelle Führungen stehen auf dem Programm. Detaillierte Wandervorschläge und Tipps für Ausflüge z. B. zum Vogelbeobachtungszentrum am *Etang de Beaumont* findest du unter *sologne-tourisme.fr.*

RUND UM ROMORANTIN-LANTHENAY

6 LAMOTTE-BEUVRON

40 km/40 Min. von Romorantin-Lanthenay (Auto)

Diese Kleinstadt (4700 Ew.) ist berühmt für die *tarte Tatin*, die köstliche,

Wo der Bambus eine französische Note hat: Riesenpanda-Dasein im Zooparc de Beauval

gestürzte Apfeltarte, noch heute zelebriert im *Maison Tatin (So abends, Mo u. Di mittags geschl. | 5, av. de Vierzon | Tel. 02 54 88 00 03 | lamaisontatin.fr | €€ | auch 17 Zi. | €€)*, das während der Pandemie von seinen neuen Besitzern herausgeputzt und mit einem Spa versehen wurde. *K5*

7 ZOOPARC DE BEAUVAL ★

47 km/40 Min. von Romorantin-Lanthenay (Auto)

Das Riesenpanda-Pärchen Huan Huan und Yuan Zi, eine Leihgabe aus China, arbeitet an der Großfamilie. Taufpatin ihres Erstgeborenen ist die *première dame* Brigitte Macron. Für die 2021 geborenen Zwillinge standen der französische Fußballer Kyllan Mbappé und die chinesische Wasserspringerin Zhang Jiaqi Pate. Nirgendwo anders in Frankreich gibt es mehr Tiergeburten als in dieser Anlage, in der weitgehend auf Chemie verzichtet wird. Atemberaubende Vogelschau *Les Maîtres de l'Air*, die Möglichkeit einen Vormittag lang mit den Tierpflegern einen Blick hinter die Kulissen zu werfen *(220, Kinder 10–17 Jahre 115 Euro)* und eine Gondelbahn. *Tgl. 9 Uhr bis zum Einbruch der Dunkelheit, Kassenschluss im Sommer 17.30, im Winter 19.30 Uhr | Eintritt 36, Kinder 3–10 Jahre 29 Euro, bei Onlinebuchung 2 Euro günstiger | St-Aignan | zoobeauval.com | J7*

8 VALENÇAY

30 km/50 Min. von Romorantin Lanthenay (Regionalzug)

Charles Maurice de Talleyrand-Périgord, einst der Außenminister von

Napoleon Bonaparte, hat dieses Renaissanceschloss aus dem 16. Jh. im Auftrag des Kaisers nach 1803 für dessen große Staatsempfänge umgebaut.

Das schwarz-weiße Gebäude mit seinen beeindruckenden Proportionen liegt in einem 50 ha großen Park und präsentiert in den herrschaftlichen Zimmern und Appartements kostbare Möbel und Kunstwerke aus der Zeit Napoleons.

Jeden Herbst geht im Empiresaal des Schlosses ein *Musikfestival mit historischen Instrumenten* über die Bühne. *Tgl. Mitte März–Sept. 10–18, Okt.–Mitte Nov. 10.30–17 Uhr, Mitte Nov.–Mitte März geschl. | Eintritt 14,50 Euro | chateau-valencay.fr | ⏲ 3 Std. | (🕮 J7)*

GIEN

(🕮 M5) **Gien (13 500 Ew.) ist das Eingangstor zu den Loire-Schlössern.** Den schönsten Blick auf die Stadt, die im Zweiten Weltkrieg zwar fast völlig zerstört, aber mit alten Materialien wieder aufgebaut wurde, bietet das linke Flussufer: Das sandfarbene Wasser, die Bogenbrücke über die Loire und das Schloss machen Gien zum perfekten Hintergrund für ein Selfie.

SIGHTSEEING

CHÂTEAU DE GIEN

Anne de Beaujeu, Tochter von Louis XI, ließ das Schloss Ende des 15. Jhs. auf alten Grundmauern aus Backstein,

Ziemlich auffällig für ein Versteck: Im Château de Gien verbarg sich Louis XIV vor der Fronde

Schiefer und weißen Quadern neu aufbauen. Der junge Louis XIV, Anne d'Autriche und Minister Jules Mazarin nutzten Gien 1652 als Versteck, nachdem sie vor der Fronde – den Gegnern des Hochadels – aus Paris geflüchtet waren. Das Schloss beherbergt Frankreichs größtes Jagdmuseum. Nach einer vierjährigen Grundsanierung wartet das Museum mit modernster Technik auf. *Mai–Sept. Mi–Mo 10–18, Okt.–April Mi–Mo 13.30–17.30, Sa/So auch 10–12 Uhr, Jan. geschl. | Eintritt 8 Euro | chateaumuseegien.fr | 1½ Std.*

MUSÉE DE LA FAÏENCERIE

Der Engländer Thomas Hall gründete 1821 die Faïencerie in einem alten Kloster an der Loire. Ursprünglich auf Gebrauchsgeschirr spezialisiert, entwickelte sich Gien Ende des 19. Jhs. bis zum Ersten Weltkrieg zur weltweit bekannten Fabrik, die 1500 Menschen beschäftigte. Gefragt war vor allem das strahlende *bleu de Gien*, eine Farbe, deren Zusammensetzung bis heute als Geheimnis gehütet wird. Das Unternehmen hat ein Fayencemuseum eingerichtet, das jedes Jahr Sonderausstellungen organisiert. *Juli/Aug. tgl. 10–18, Mai–Sept Mo–Mi, Fr/Sa 10–18, Okt.–April tgl. 13.30–17.30, Sa auch 10–12 Uhr | Eintritt 8 Euro | 78, place de la Victoire | gien.com | 30 Min.*

ESSEN & TRINKEN

CÔTÉ JARDIN

Seit 2023 wird das Restaurant, das Arnaud Billard mit Frau und Tochter betreibt, nicht mehr unter den besternten Restaurants geführt. Der Chef hatte Lust, sich nochmal neu zu erfinden und kocht lieber wieder für die Stammkundschaft, die schon vor dem Michelinstern hier aß. *Mo, Di mittags und So geschl. | 14, rue de Bourges | Tel. 02 38 38 24 67 | cotejardin45.fr | €€€*

CAFÉ BOUCHE B

Nahe dem Schloss: Lokale Gerichte und das hausgemachte Lachen von Antoinette und Hélène, die sich hier ihren Traum verwirklicht haben. *Mo–Sa tagsüber, Fr auch abends | 2, rue Vieille Boucherie | Tel. 02 18 11 69 17 | Facebook: cafe-bouche-b.com | €€*

RUND UM GIEN

9 BRIARE ★

12 km/20 Min. von Gien (Auto)

Im kleinen Städtchen (5000 Ew.), wurde im 19 Jh. unter Mitarbeit des Eiffelturm-Konstrukteurs Gustave Eiffel die mit 662 m längste Wasserbrücke Europas gebaut. Wer möchte, kann in Briare Schiffe entweder tage-, wochen- oder auch monatsweise mieten bei *Les canalous (Port du Pont-Canal | April–Okt. | Tel. 03 85 53 76 74 | lescanalous.com)*. Ein Bootsausflug über Kanalbrücke und Schleuse dauert 1½ Std. *(Juli/Aug. Di–So, sonst April–Okt. So jeweils um 15 Uhr, Mai/Juni/Sept. auch Sa | 13, Kinder 3–12 Jahre 9 Euro | Abfahrt quai Mazoyer | Tel. 02 38 37 12 75 | les-bateaux-touris*

BLOIS & ORLÉANS

HERRSCHAFTLICH ERHABEN

Wandle auf den Spuren der französischen Könige im 16 Jh. durch Blois und entdecke das dynamische Orléans, das schon im Mittelalter eine blühende Stadt war. Orléans hatte alle Trümpfe, um Frankreichs Hauptstadt zu werden, verlor aber schließlich gegen das geografisch sicherer gelegene Paris. Heute ziehen es viele Bewohner der Hektik der französischen Hauptstadt vor.

Orléans ist wieder ein wichtiges Handelszentrum und mit einer großen Universität auf die Zukunft ausgerichtet, den Glanz vergangener

Heben sich die Morgennebel, schält sich peu à peu Chambords gigantische Pracht heraus

Zeiten im Rücken. Blois wiederum blieb im Schatten seines majestätischen Schlosses klein, aber fein. Nicht zu vergessen: das schöne Städtchen Vendôme. Es eignet sich hervorragend als Ausgangspunkt für Ausflüge in das ruhigere, weniger touristische Tal des Loir. Wobei es sich nicht um einen Tippfehler, sondern um einen Nebenfluss der Sarthe handelt, der wiederum in die Loire fließt. Denn verwirrenderweise gibt es in Frankreich tatsächlich den Loir und die Loire.

BLOIS & ORLÉANS

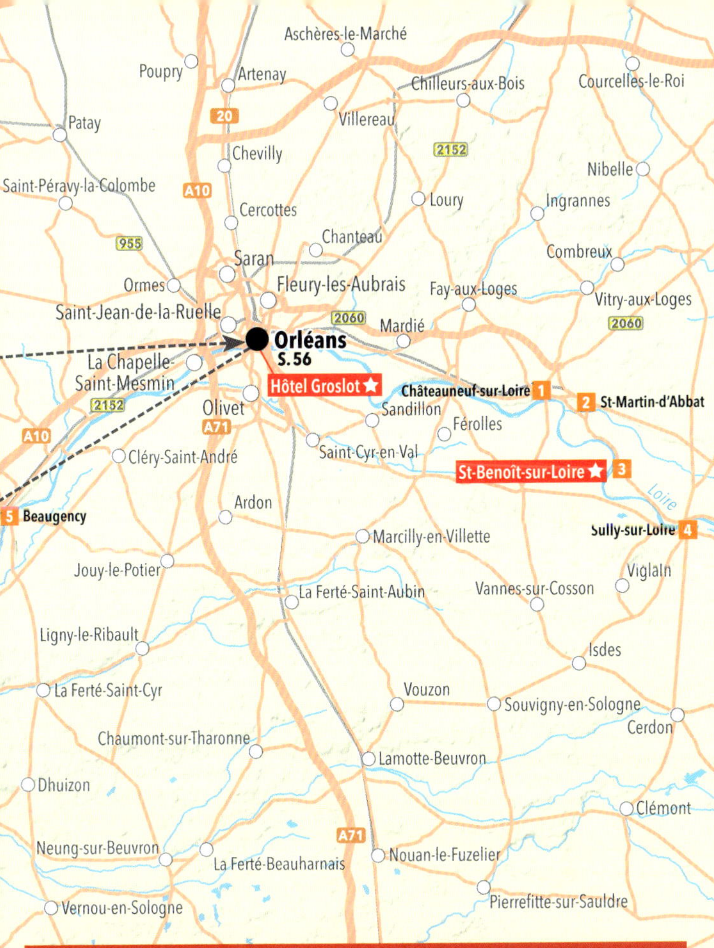

MARCO POLO HIGHLIGHTS

★ **CHATEAU DE BLOIS**
Vier Baustile vereinen sich harmonisch in diesem Schloss. ➤ S. 62

★ **MAX VAUCHÉ**
Der Schokofabrikant betreibt fairen Handel mit den Kakaolieferanten in Übersee. ➤ S. 65

★ **CHAMBORD**
Monumental in nahezu jeder Hinsicht: Chambord ist das beeindruckendste Schloss an der Loire. ➤ S. 64

★ **CHEVERNY**
Das Schloss von Tim und Struppi ➤ S. 65

★ **HÔTEL GROSLOT**
Im alten Rathaus von Orléans muss das Regieren Freude gemacht haben. ➤ S. 57

★ **ST-BENOÎT-SUR-LOIRE**
Ein Meisterwerk romanischer Baukunst ➤ S. 60

★ **ALTSTADT VON VENDÔME**
Ein Park und eine riesige Abtei prägen den alten Teil des Städtchens. ➤ S. 67

★ **TRÔO**
Wohnungen tief unter der Erde sind das Geheimnis dieses Dorfs. ➤ S. 69

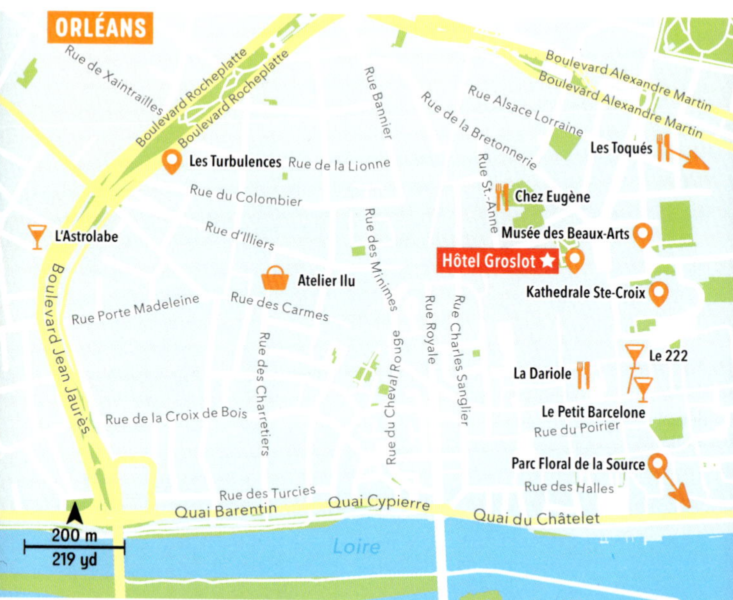

ORLÉANS

(K4) **Jeanne d'Arc hat Orléans zur wohl bekanntesten Stadt im Loire-Tal gemacht. Noch heute ist die Erinnerung an die Befreierin von 1429 in der Stadt allgegenwärtig.**

WOHIN ZUERST?

Place Martroi: Von dem Platz mit Straßenbahn- und Bushaltestellen auf halbem Weg zwischen Loire und Bahnhof sind alle Sehenswürdigkeiten von Orléans bequem zu Fuß zu erreichen. Rund um die Reiterstatue der Jeanne d'Arc gibt es Straßencafés, die Tiefgarage darunter hat Platz für ca. 300 Autos.

Aber Orléans (116 000 Ew.) verharrt keineswegs in der Vergangenheit: Das Büro- und Gewerbeviertel in zum Teil sehr anspruchsvoller Industriearchitektur im Osten, das Universitätsviertel *La Source* mit dem 35 ha großen Landschaftsgarten *Parc Floral de la Source,* die hypermoderne Mediathek an der Place Gambetta oder die Place Martroi mit ihren Straßencafés und Restaurants rund um das Reiterstandbild der Jeanne d'Arc zeigen, dass das einstige Handelszentrum heute zu den dynamischen Städten des Landes zählt.
Wie überall in Frankreich feiert auch auf dem Stadtgebiet von Orléans die gute alte Straßenbahn (Tramway, kurz Tram) eine Renaissance. Zwei Linien decken das ganze Stadtgebiet ab und machen bei einem Preis von 1,70 Euro pro Fahrt den Verzicht auf das Auto leicht.

Auf dem Weg zum Freizeitparadies *Parc Floral de la Source* dürfen sogar Fahrräder mitgenommen werden.

SIGHTSEEING

Das *Touristenbüro (tourisme-orleans metropole.com)* bietet von April bis Oktober die Führung „Orléans de haut en bas" an, in der du auf die Türme der Kathedrale hinauf- und in die Krypta Saint-Avit hinabsteigst. Ganzjährig auf dem Programm: die Führung „À la découverte d'Orléans", die die Kathedrale und das Hôtel Groslot beinhaltet. *Jeweils 8,50 Euro/Person*

KATHEDRALE STE-CROIX

Gut 600 Jahre lang wurde an der Kathedrale gebaut. Die offizielle Einweihung fand am 8. Mai 1829 statt, dem 400. Jahrestag der Befreiung Orléans' durch Jeanne d'Arc. Das Gotteshaus im gotischen Stil zeichnet auch auf den zeitgenössischen Glasfenstern die Geschichte der heiligen Jungfrau nach. Interessant ist auch die Rosette im Querschiff, die mit ihrer Sonne Louis XIV huldigt. Von April bis Oktober sind die Türme geöffnet und können im Rahmen einer Führung erklommen werden (s. o.). Wer die 241 Stufen hinter sich bringt, dem eröffnet sich ein herrlicher Blick über die Stadt. *Tgl. April–Okt. 9–19, Nov.–März bis 18 Uhr | Eintritt frei | cathedrale-orleans.fr*

MUSÉE DES BEAUX-ARTS

Eins der reichsten Kunstmuseen in Frankreich glänzt v.a. mit Meisterwerken des 18. Jhs. *Di–Sa 10–18, Do bis 20, So 13–18 Uhr | Eintritt 6 Euro | 1, rue Ferdinand Rabier | Facebook: Musée des Beaux-Arts d'Orléans | 1 Std. 45 Min.*

Liebevoll gehegt und gepflegt: Fachwerk in Orléans' Altstadt

HÔTEL GROSLOT ★

Groslot? Der Name dieses herrschaftlichen Stadthauses erinnert an den Vogt von Orléans, Jacques Groslot, für den es um 1550 gebaut wurde. Von diesem schönen Renaissancehaus aus wurde von der französischen Revolution bis Anfang der 1980er-Jahre die Stadt verwaltet. Heute befindet sich das Rathaus gegenüber dem historischen Backsteinbau. Nur Trauungen finden nach wie im berühmten und beliebten Hochzeitssaal *(salle de mariage)* statt, in dem 1560 François II im Alter von nur 17 Jahren seinen letzten

Atemzug tat. Vor dem Portal steht eine Statue der Jeanne d'Arc, die die Prinzessin Marie d'Orléans im 19. Jh. geschaffen hat. Sehenswert ist die kostbare Inneneinrichtung mit einer Holztruhe, die Louis XI den Mönchen von St-Aignan geschenkt hatte. *Juli–Sept. tgl. 9–19, Okt.–Juni Mo–Fr 10–12 u. 14–18, Sa 10–19 u. So 10–18 Uhr | Eintritt frei | Place de l'Etape | 20 Min.*

LES TURBULENCES

INSIDER-TIPP **Begehbare Kunst**

Resolut zeitgenössische Kunst und Architektur zeigt der *Fonds Régional d'Art Contemporain (FRAC)* in einem spektakulären Gebäude von Jakob und MacFarlane mit einer Lichtinstallation von Electronic Shadow auf einem ehemaligen Militärgelände im Westen der Altstadt. Der Bau trägt seinen Namen *Turbulences* (Turbulenzen) zu Recht. *Mi–So 14–19, jeden 1. Do im Monat bis 20 Uhr, Aug. geschl. | Ausstellungen Eintritt frei, Führungen 4 Euro | 88, rue du Colombier (Eingang boulevard Rocheplatte) | frac-centre.fr | 1 Std.*

PARC FLORAL DE LA SOURCE

Perfekt für eine Pause: Der herrliche Blumen- und Freizeitpark an der Quelle des Loiret mit Spielplätzen, Minigolf und Lehrpfaden. *Tgl 9–18 bzw. 19 Uhr im Hochsommer, im Winter 14–17 Uhr | Eintritt 6,50, Kinder 6–16 Jahre 4,50 Euro, im Winter Eintritt frei | av. du Parc Floral | parcfloraldelasource.com*

ESSEN & TRINKEN

LA DARIOLE

Wunderschön gestaltetes Lokal im Fachwerkhaus des 15. Jhs. mit Som-

In Unruhe: Das gilt nicht nur die Exponate, sondern auch für den Neubau von Les Turbulences

merterrasse auf einem Plätzchen in der Stadtmitte, für das sich in der Pandemie zum Glück ein neuer Besitzer gefunden hat. Mit Nicolas Hervé und seinem Team weht nun ein frischer Wind durch die Küche. Modern, lokal und einfach lecker. Reservieren! *Mo/So u. Di/Mi abends geschl. | 25, rue Etienne Dolet | Tel. 02 38 77 26 67 | la dariole.fr | €–€€*

CHEZ EUGÈNE

Der Bretone Alain Gérard betreibt ein paar Schritte von der Place Martroi entfernt ein kleines Restaurant mit frischen Produkten aus der Region. Unbedingt vorher reservieren. *Sa/So geschl. | 24, rue Sainte-Anne | Tel. 02 38 53 82 64 | restauranteugene.fr | €€*

LES TOQUÉS

Am Ende des Kanals, direkt an der Loire, gute 4 km vom Zentrum Orléans' entfernt setzt Frédéric Jenot auf phantasievolle Rezepte der Region und eine Weinkarte, auf der 90 Prozent der Tropfen aus dem Loire-Tal kommen. *So/Mo geschl. | 71, chemin du Halage | Saint-Jean-de-Braye | Tel. 02 38 86 50 20 | les toquesorleans.fr | €€*

SHOPPEN

ATELIER ILU

Im *Atelier ilu* findest du hippes Kunsthandwerk aus der Region. Die vier Betreiberinnen verkaufen nicht nur ihre eigenen Kreationen, sondern wollen ihren Laden als Vitrine für Künstler aus der Region etablieren. *Di–Sa | 76, rue des Carmes | Facebook: Atelierilu*

SPORT & WELLNESS

Am Tor zur Sologne, etwa 16 km im Süden von Orléans, ist die *Domaine de Limère* ein wahres Freizeitparadies. Seele baumeln lassen heißt es im komplett renovierten Wellnesszentrum *Les Balnéades (275, allée des Quatre Vents | Ardon | Tel. 02 38 69 73 73 | les-balneades.fr)* mitten im Grünen – mit Schwimmbad, Fitnessgeräten und Massageräumen. Gleich nebenan liegt einer der schönsten Golfplätze *(Golf de Limère | 1411, allée de la Pomme de Pin | Tel. 02 38 63 89 40 | gaiaconcept-centre.fr/golf-de-limere).*

AUSGEHEN & FEIERN

In den Bars und Cafés der *Rue de Bourgogne* trifft sich das Feiervolk von Orléans.

LE 222

Im Jahr 2022 neu eröffnete Cocktailbar. Tut es den Einheimischen nach und gönnt euch ein *apéro dînatoire. 222, Rue de Bourgogne | Facebook: Le 222*

LE PETIT BARCELONE

Der Pub „Klein Barcelona" ist eine Institution des Studentenlebens von Orléans. *218, Rue de Bourgogne | Facebook: Le Petit Barcelone*

L'ASTROLABE

Eine sichere Bank für alle – mit einem bunten Konzertmix. *Boulevard Jean Jaurès | Tel. 02 38 54 20 06 | lastrolabe.org*

RUND UM ORLÉANS

1 CHÂTEAUNEUF-SUR-LOIRE

30 km/30 Min. von Orléans (Auto)

Der Eintritt für Schlösser und Parks im Loire-Tal belastet die Urlaubskasse erheblich. Eine Ausnahme, weil gratis, ist der sehenswerte Schlosspark von Châteauneuf-sur-Loire (chateauneuf-surloire.com). Das Städtchen östlich von Orléans bietet mit dem *Schifffahrtsmuseum (Musée de la marine de Loire | Nov.–März Mi–Mo 14–18, April–Okt. 10–18, Sa/So 13–14 Uhr geschl. | Eintritt 5 Euro | 1, place Aristide Briand | musee-marinedeloire.fr | 1 Std.)* sogar noch einen zweiten Trumpf. L4

INSIDER-TIPP
Schlosspark für alle

2 ST-MARTIN-D'ABBAT

32 km/32 min von Orléans (Auto)

Ideen muss man haben. Die Bürger von St-Martin-d'Abbat, einem kleinen Dorf zwischen St-Benoît und Châteauneuf-sur-Loire, setzen seit 1997 auf originelle Briefkästen und machen so den Spaziergang durch ihren Ort zu einer Entdeckungsreise. Wer die skurrilsten Exemplare nicht verpassen möchte, holt sich eine Broschüre *(letterboxvillage.com)*. L4

3 ST-BENOÎT-SUR-LOIRE ★

40 km/40 Min. von Orléans (Auto)

Blendend schöne romanische Basilika aus dem 11./13. Jh. in der *Benediktinerabtei Fleury (abbaye-fleury.com)*, die bereits im 7. Jh. gegründet wurde. Der Portalvorbau des Glockenturms und der Chor von St-Benoît-sur-Loire sind Musterbeispiele romanischer Architektur. Das Kloster der Benediktiner in dem kleinen Dorf südöstlich von Orléans war zur Zeit Karls des Großen geistlicher Mittelpunkt des Landes. Von montags bis samstags beginnen jeden Mittag um 12, sonntags um 11 Uhr Gottesdienste mit gregorianischem Gesang in der Abteikirche.

INSIDER-TIPP
Seelen-Sound

Ein paar Kilometer flussabwärts, am rechten Loire-Ufer, steht mit dem karolingischen Oratorium von *Germigny-des-Prés (tgl. bei freiem Eintritt zu besichtigen)* aus dem frühen 9. Jh. ein weiteres Schmuckstück der Architektur. Für Théodulphe, den Abt von Fleury, errichtete der armenische Architekt Odo, dem die Aachener Pfalzkapelle zugeschrieben wird, den Gebetsort mit einem erst 1840 wiederentdeckten Mosaik aus 130 000 blauen, purpurnen, weißen, grünen, schwarzen und vergoldeten Steinchen. L4

4 SULLY-SUR-LOIRE

45 km/45 min von Orléans (Auto)

Im kleinen Städtchen (5000 Ew.) südöstlich von Orléans fängt das von der Unesco in die Welterbeliste aufgenommene Gebiet des Loire-Tals an. Das aufwendig renovierte Wasserschloss *Château de Sully (Feb.–April u. Okt.–Dez. Di–Fr 13.30–17.30, Sa/So 10–12 u. 13.30–17.30, Mai, Juni, Sept. Di–So 10–18, Juli/Aug. tgl. 10–18 Uhr | Eintritt 11 Euro | chateaudesully.com | 1½ Std.)* mit seinen vier runden

Ecktürmen wurde im 18. Jh. Zufluchtsort für Voltaire, dessen Komödien im extra eingerichteten Theatersaal aufgeführt wurden. Ein Schmuckstück der Handwerkerkunst ist das oberste Geschoss im *Donjon*, dem Wohnturm: Aus Eichenholz haben die Zimmerleute des Mittelalters ein beeindruckendes Dachgebälk (14. Jh.) geschaffen. *L5*

5 BEAUGENCY

35 km/40 Min. von Orléans (Auto)

Einst mit seiner Loire-Brücke ein strategisch wichtiger Ort und am 16. Juni 1429 von Jeanne d'Arc befreit. Beaugency (7300 Ew.) ist mit dem Niedergang der Loire-Schifffahrt im 19. Jh. in einen Dornröschenschlaf gefallen. Perfekt, wenn du in aller Ruhe den mittelalterlichen Stadtkern durchstreifen willst. Von der romanischen Festung ist nur die Ruine des Wehrturms übrig. Auch schön: das Rathaus aus dem 16. Jh. Im *Labyrinthe de Beaugency (labyrinthe-beaugency.com)* heißt es Grips anstrengen, willst du aus dem Maisfeld mit den lustigen Gestalten wieder herauskommen. *J5*

BLOIS

(J5) **Diese Ansicht wird sich dir tief ins Gedächtnis graben: die große Brücke über die Loire, die Häuser am Flussufer, die Kathedrale und darüber die Mauern des Schlosses.**

Blois (45 700 Ew.) ist aber weit mehr als nur einstige Königsresidenz. Das wirst du feststellen, wenn du über die monumentale Treppe, den *Escalier*

Romanik in Reinform: Portalvorbau der Basilika in St-Benoît-sur-Loire

Denis Papin – zu Ehren des Mathematikers (1647–1714), der als Erfinder der Dampfmaschine gilt – , am Tor zur Innenstadt spazierst oder wenn du durch die engen Gassen und herrlichen Parkanlagen Blois' flanierst.

SIGHTSEEING

CHÂTEAU DE BLOIS ★

Über vier Jahrhunderte haben Herrscher die Stadt um- und ausgebaut. Aus dem Mittelalter ist nur ein Gebäude geblieben, das mit dem Generalständesaal *(salle des états généraux)* aber den größten gotischen Raum Frankreichs aus dem 13. Jh. beherbergt. Aus Back- und Sandsteinen ließ sich Louis XII im 15./16. Jh. einen Flügel errichten, der erste italienische Einflüsse zeigt. Im 1. Stock ist heute das *Musée des Beaux Arts* mit Gemälden der Renaissancezeit untergebracht.
Spektakulärstes und bekanntestes architektonisches Detail des Schlosses ist der *Wendeltreppenturm* aus der Renaissance, den François I zwischen 1515 und 1520 bauen ließ. Die ehemalige Küche des Flügels beherbergt heute die archäologische Sammlung. Ein Meisterwerk klassizistischer Architektur wiederum ist der aus den Jahren 1635 bis 1638 stammende Flügel von Gaston d'Orléans. Trotz der unterschiedlichen Stile ist das Schloss von Blois eine harmonische Einheit geworden. Sehenswert, auch wegen der vielen Geheimfächer, in denen sie ihre Gifte aufbewahrt haben soll, ist zudem das Schlafzimmer von Katharina von Medici, der Frau von Henri II, Mutter der Könige François II, Charles IX und Henri III, die 1589 in Blois starb. Beeindruckend ist das Königszimmer, in dem der katholische Herzog von Guise 1588 auf Geheiß von Henri III ermordet wurde. Auf dem *Schlossplatz* ließ Jeanne d'Arc auf dem Weg nach Orléans 1429 ihre Standarte vom Bischof weihen. *Je nach Saison 9 bzw. 10–17 bzw. 19 Uhr | Eintritt 13 Euro | April–Sept. und während der örtlichen Herbstferien tgl. Licht-Ton-Schau (Son et Lumière) im Schlosshof ab 22 Uhr (Juni–Aug. 22.30, im Herbst 19.15 Uhr), Audioguide auf Deutsch verfügbar, Kombiticket Schloss/Schau 20 Euro | chateaudeblois.fr | 1½ Std.*

MAISON DE LA MAGIE

Haus der Zauberei, in dem Kinder wie Erwachsene auf ihre Kosten kommen. *April–Aug., Sept. nur Sa/So u. in den frz. Herbstferien 10–12.30 u. 14–18.30 Uhr | Eintritt 11, Kinder 6–17 Jahre 6,50 Euro | 1, place du Château | maisondelamagie.fr | 1–1½ Std.*

FONDATION DU DOUTE

Fluxus-Altmeister Ben Vautier führt Regie im Museum, das der Performancekunst der 1960er- und 1970er-Jahre mit Künstlern wie Nam June Paik, Yoko Ono, Ben Patterson und Wolf Vostell huldigt. Im Café *Le Fluxus (€)* gibt es als Snacks tolle Kreationen zum selben Thema. *Winter Mo–Do, Sommer Mo, sonst Mo/Di geschl., 14–18.30 Uhr | 7,50 Euro | 14, rue de la Paix | fondationdudoute.fr | 1 Std.*

MAISON DE LA BD

Für die Fans der in Frankreich populären Comics (Bande Dessinée kurz BD)

Dauerbaustelle Blois: Der gotische Saal ist der älteste Teil des stets umgebauten Schlosses

hat der Verein *BD Boum* ein kleines Museum eingerichtet, das Workshops organisiert und die Geschichte der gezeichneten Geschichten erklärt. Sonderausstellungen und im November ein dreitägiges Festival. *Di–Sa 9.30–12 und 14–17.30 Uhr | Eintritt frei | 3, rue des Jacobins | bdboum.com*

ESSEN & TRINKEN

L'EMBARCADÈRE

Restaurant direkt am Ufer der Loire mit einer super Terrasse, von der du einen wunderbaren Blick auf den Fluss hast. Regionale Spezialitäten, junges Team. *16, quai Ulysse Besnard | Tel. 02 54 78 31 41 | lembarcadere.fr | €–€€*

AU RENDEZ-VOUS DES PÊCHEURS

Christophe Cosme hatte 14 Jahre lang einen Michelinstern. Während der Pandemie hat er sein Restaurant neu herausgeputzt. Feinschmecker können hier unter der Woche ab 29 Euro speisen (Hauptgang, Dessert und ein Glas Wein). *So/Mo geschl. | 27, rue de Foix | Tel. 02 54 74 67 48 | rendezvousdespecheurs.com | €–€€€*

INSIDER-TIPP
Gute Deals für Gourmets

SHOPPEN

In der *rue du Commerce* gibt es die Kreationen von Star-Chocolatier *Max Vauché (Nr. 50 | maxvauche-chocolatier.com)*. Wenige Schritte weiter bietet *O Di Vins Fromages (10, rue Emile Laurens | odivins-fromages.com)* beste Käsesorten und Weine der Region an. Jeden Freitag 16–20 Uhr lockt der *Biomarkt* im Vienne-Viertel am linken Loire-Ufer *(Quai Amédée Contant)*.

SPORT & SPASS

Der Verein *Observatoire Loire (obser vatoireloire.fr)* hat vier traditionelle Boote im Creusille-Hafen liegen, auf denen du ein- bis zweistündige Rundfahrten buchen kannst. Und wenn du Glück hast, macht der Kapitän eine Pause auf einer der Inseln im Fluss und zeigt euch die Spuren von Bibern. In St-Dyé ein paar Kilometer flussaufwärts organisiert der Verein *Les Marins du Port de Chambord (marins-port-chambord.fr)* ebenfalls Ausflüge mit den traditionellen Schiffen auf der Loire. Lass dir auf einer der Touren zeigen, wo die Vögel am Flussufer nisten und Biber ihre Dämme bauen.

RUND UM BLOIS

6 CHAMBORD ★

15 km/20 Min. von Blois (Auto)

Diese Architektur sprengt alle Maßstäbe. Sicher ist es zwar nicht, doch es spricht alles dafür, dass Leonardo da Vinci, ab 1516 Gast von König François I in Frankreich, an den Plänen für das Jagdschloss von Chambord östlich von Blois mitgearbeitet hat. Der Stil der italienischen Renaissance beschert dem 156 m langen und 56 m hohen Koloss Leichtigkeit und Harmonie. Sehenswert die berühmte Doppelwendeltreppe im zentralen *Donjon*, dem Wohnturm des Mittelalters, herrlich der Panoramablick von der Dachterrasse auf den noch heute von Mauern umschlossenen Park, der so groß wie die Innenstadt von Paris ist, interessant die Möblierung, die den verschiedenen Epochen entspricht, die Schloss Chambord erlebt hat.

François I verbrachte gerade mal 72 Tage seines Lebens mit seinen Jagdgesellschaften auf dem Prachtschloss. Die königliche Karawane umfasste gut 15 000 Menschen und 12 000 Pferde, darunter später das *escadron volant* von Königinmutter Katharina von Medici, die aus der Aristokratie die schönsten Mädchen für ihr charmantes, verführerisches „Damengeschwader" rekrutierte. Sonnenkönig Louis XIV lud Molière für mehrere Komödienpremieren dorthin ein, der Marschall von Sachsen feierte rauschende Feste.

Chambord ist ganzjährig geöffnet *(tgl. Ende Okt.–Ende März 9–17, sonst bis 18 Uhr | Eintritt 14,50 Euro | chambord.org | 4 Std.)* und bietet eine Fülle von Aktivitäten wie Konzerte, Märkte, Ausstellungen, Ausflüge im Geländewagen, mit dem Boot oder dem Fahrrad. Der Parkplatz vor dem Schloss ist gebührenpflichtig *(4–11 Euro pro Tag je nach Fahrzeugtyp).* J5

7 MONT-PRÈS-CHAMBORD

12 km/15 Min. von Blois (Auto)

Baden? Aber NATÜRLICH! Der nach ökologischen Prinzipien angelegte große Naturbadesee hier kommt ohne Chlor oder beheiztes Wasser aus. Ideal für empfindliche Kinderhaut! *Im Sommer 11–19 bzw. 20 Uhr | Eintritt 5,50, Kinder 3,30 Euro | baignadenaturelle-grandchambord.fr |* J5

Lehrstunde in Superlativ: Lass den Nachwuchs die Türme von Chambord zählen

8 BRACIEUX

20 km/20 Min. von Blois (Auto)

Das Dorf (1300 Ew.) mit seiner Markthalle aus dem 16. Jh. ist das heimliche Zentrum für Radfahrer im Umfeld der bekanntesten Schlösser an der Loire. Schokoladenhersteller ★ ☂ *Max Vauché (ganzjährig Führungen Di–Sa 10.30, 15.30, 16.30 Uhr, So nur nachmittags, Juli/Aug. auch Mo, Führungen auf Englisch Juli/Aug. Mo–Sa 11.30 u. 14.30, So 14.30 Uhr | 4,90 Euro | 22, les Jardins du Moulin | maxvauche chocolatier.fr)* öffnet im Dorf seine Werkstatt mit Produkten aus fairem Handel aus São Tomé für Besucher. *J5*

9 CHEVERNY ★

15 km/20 Min. von Blois (Auto)

Das Musterbeispiel für die Eleganz der Renaissance wurde 1634 nach 30 Jahren Bauzeit fertig gestellt und seitdem praktisch nicht mehr verändert. Die Familie de Vibraye, seit 1338 in Cheverny, hat das Schloss nie aufgegeben. Das ist sicher ein Grund dafür, dass der weiterhin bewohnte Herrensitz mit seinen Originalmöbeln, kostbaren Wandteppichen, einer prächtigen Gemäldesammlung, der riesigen Geweihsammlung und dem Waffensaal *(salle d'armes,* der größte Saal des Schlosses) wie aus einem Guss erscheint.

Weil Comiczeichner Hergé Cheverny als Modell für das Schloss Moulinsart (Mühlenhof) in „Tintin et Milou" („Tim und Struppi") genommen hat, ist eine Dauerausstellung rund um Kapitän Haddock, Professor Bienlein (Bienloin) und Tim eingerichtet. Wunderschön der 1 km² große Park mit sei-

Wie Kinder einst auf Cheverny lebten? Nicht übel, aber ohne „Tim & Struppi", die Armen!

nen Wasserwegen. Mach eine *Tour mit Elektroauto und -boot (April–Nov. tgl. | Dauer ca. 2½ Std. | 18,50 Euro)* übers Gelände und durch die Kanäle, nimm die ganze Schönheit der Anlage mit zum Teil mehr als 150 Jahre alten Linden und Mammutbäumen im Vorbeiziehen auf. In den Nebengebäuden befinden sich luxuriöse Ferienwohnungen und Fremdenzimmer *(suitesdecheverny.fr). Tgl. 9.15–18.30, Okt.–März 10–17 Uhr | Besichtigung Schloss und Park 13,50 Euro, Kombiticket mit Ausstellung „Les secrets de Moulinsart" 18 Euro | chateau-cheverny.fr | 4 Std. | J6*

10 TROUSSAY

18 km/20 Min. von Blois (Auto)

Eins der kleinsten Schlösser im Loire-Tal, aber ein Konzentrat der Baustile seit dem 16. Jh. mit großem Charme und einem herrlichen Park mit Hühnern und Schafen. Isaure de Sainte Marie hat den Familiensitz 2015 übernommen. Außer vier Gästezimmern hat sie ein kleines *Museum* mit Alltagsgegenständen aus Landwirtschaft und Weinbau sowie einen Saal für Feste eingerichtet. *Zutritt nur mit Führung April–Sept. Mo–Fr 11, Sa/So 15, mit Verköstigung tgl. 16.30 Uhr | Schlossführung und Park 9, mit Verköstigung 14 Euro | Cheverny | chateaudetroussay.com | 1½ Std.* Auf dem Weinberg der Familie *(domaine demontcy.com)* wird feinster Biowein angebaut. *J6*

11 CHAUMONT

18 km/20 Min. von Blois (Auto)

Im frühen Mittelalter zuerst eine Festung, dann 1560 Verbannungsort für Diane de Poitiers, die Mätresse von Henri II., im 19. Jh. schließlich Lustschloss für begüterte Aristokraten: Das Schloss mit seinem großen Park hoch über der Loire, im Südwesten von Blois, ist heute in öffentlicher Hand, schafft den Spagat zwischen Kulturerbe, Natur, zeitgenössischer Kunst und ist seit 1992 Schauplatz des internationalen *Festival des Jardins* mit Gartenarchitekten aus der ganzen Welt, die Jahr für Jahr ihre Fantasie auf einer der rund 30 Parzellen ausleben. *Domaine de Chaumont: tgl. 10–17.30/20 Uhr, die Schließzeit variiert je nach Saison | Eintritt Ende April–Anfang Nov. 19, sonst 14 Euro | domaine-chaumont.fr | locker ein ganzer Tag*

Ausgezeichnete Gastronomie für alle Geldbörsen bieten die Restaurants auf dem Gelände wie das schicke *Le Grand Velum (€€)*. Oder die Cafeteria *Le Comptoir des Tilleuls (€)*, die auf Bioprodukte setzt.

Der Verein *Millière-Raboton (milliere-raboton.net)* hat fünf traditionelle Holzschiffe am Hafen von Chaumont liegen, auf denen du verschiedene Ausflüge für bis zu 12 Personen auf der Loire buchen kannst. Für eine einfache Fahrt (1,5 Std.) zahlst du 20 Euro, eine zweieinhalbstündige Fahrt bei Sonnenaufgang oder -untergang kostet 36 Euro. Für 120 Euro/Stunde (ab 19 Uhr 156 Euro/Std.) bei einer Mindestdauer von zwei Stunden können die Schiffe privat gechartert werden.

In dem kleinen Dorf *Valaire*, rund 8 km östlich von Chaumont, hat Marie-France Le Gall Gallou in einer alten Priorei, dem Familiensitz seit fünf Generationen, einen Skulpturengarten, eine Kunstgalerie, einen *salon de thé* und fünf originelle Gästezimmer eingerichtet *(Les Metamorphozes | 3, domaine du prieuré | Tel. 02 54 44 14 62 | les-metamorphozes.com | €€)*, auf Wunsch auch mit Abendessen. Schräg gegenüber kocht Sophie Rabeyrin-Haudebourg im *Herbe Rouge (Tel. 02 54 44 98 14 | restaurant-herberouge.com | €€)* mit Gemüse aus biologischem Anbau, Milchprodukten aus der Nachbarschaft, Fleisch direkt vom Bauern und asiatischer Inspiration. Oben drauf gibt es drei schnuckelige Ferienwohnungen und das ein oder andere Konzert. *H6*

VENDÔME

(H5) **Wenn die Franzosen Vendôme hören, denken die meisten wohl zuerst an den gleichnamigen Platz in Paris. „Bien plus qu'une place" („Mehr als nur ein Platz") vermarktet sich der Ort (16 000 Ew.) daher trotzig auf einer Website.**

In der Heimatstadt des Dichters Pierre de Ronsard (1524–1585), in der Honoré de Balzac sechs Jahre lang die Schulbank gedrückt hat, ist man heute stolz auf den Titel *Ville d'art et d'histoire* (Stadt der Kunst und der Geschichte). Nach Einbruch der Dunkelheit führt dich ein Lichtparcours zu den wichtigsten Sehenswürdigkeiten dieses kleinen Vorodigs am Loir. Folg einfach den blauen Lichtern! *vendome-tourisme.fr*

SIGHTSEEING

ALTSTADT ★

Grünes Zentrum bildet der *Parc Ronsard* zwischen der alten Schule, in der Balzac das ABC lernte (heute Rathaus), dem *Hôtel Saillant* aus dem 15. Jh., heute Verkehrsamt, und der ehemaligen Pilgerkapelle *St. Jacques*: Sehenswert ist eine riesige Platane, die 1759 gepflanzt wurde, und die Bronzeplastik des gestürzten Reiters von Louis Leygue (1931).

Nur ein paar Schritte weiter wird es geschäftig in der Fußgängerzone an der Rue de Change, die gen Norden zum malerischen *Islette-Turm* führt, im Süden zur *Place St-Martin*, die vom Glockenturm, der von der ehemaligen Martinskirche übrig geblieben ist, beherrscht wird. Wichtigstes Denkmal ist die für eine so kleine Stadt überdimensionierte ehemalige Benediktinerabtei, die *Abbaye de la Trinité* mit dem 80 m hohen Glockenturm, einem herrlichen Marienfenster aus dem 12. Jh., dem Kapitelsaal aus dem 14. Jh. und einem Museum mit Dauer- und Wechselausstellungen *(tgl. April–Okt. 9–19, Nov.–März 9 –17.30 Uhr | Eintritt frei)*. Vom alten Schloss sind nur Ruinen übrig. Dafür schöner Blick auf Stadt und Flusstal.

ESSEN & TRINKEN

AUBERGE DE LA MADELEINE

Familienbetrieb am Loir-Ufer mit schöner Sommerterrasse. *So u. Di abends geschl. | Place de la Madeleine | Tel. 02 54 77 20 79 | €*

LE MALU

Drei Jahre nachdem Marianne und Ludovic Brethenoux das Restaurant in einer ehemaligen Kaserne am Ortseingang übernommen haben, hat der Guide Michelin ihnen 2021 einen Bib Gourmand verliehen: Hier bekommst du köstliche regionale Gerichte aufgetischt, ohne dich zu ruinieren. *So abends, Mo/Di geschl. | Route de Tours | Tel. 02 54 80 40 12 | lemalu2.wixsite.com/restaurantlemalu | €€*

RUND UM VENDÔME

12 LAVARDIN

18 km/20 Min. von Vendôme (Auto)

Die mächtige *Schlossruine (Mai–Okt. Di–So 10–12 u. 14–18 Uhr, sonst nach telefonischer Vereinbarung | Eintritt bei normalen Öffnungszeiten 4 Euro, außerhalb der Saison 20 Euro für 1–4 Personen, jede weitere 4 Euro | Tel. 06 81 86 12 80 | lavardin.net/chateau)* aus dem 11. Jh., die *Loir-Brücke* aus dem Mittelalter, die Kirche *St-Genest* mit ihren romanischen Fresken: In Lavardin (180 Ew.) aus dem 11. Jh. kannst du dich vor so einigen historischen Bauten ablichten. *G5*

13 MONTOIRE-SUR-LE-LOIR

18 km/20 Min. von Vendôme (Auto)

Auf dem Bahnhof des malerisch am Loir gelegenen Städtchens (3700 Ew.) haben Adolf Hitler und Marschall Pétain im Oktober 1940 die Kollaboration zwischen Deutschland und Frankreich beschlossen. Sehenswert sind die Kapelle *St-Gilles (Eintritt 6 Euro, Schlüssel während der Öffnungszeiten im Instrumentenmuseum abholen s. u.)* mit schön restaurierten Wandmalereien aus dem 12. und 13. Jh. und das durch Licht- und Tontechnik interessante Instrumentenmuseum *Musikenfête (Di–So, März–Sept. 10–12, 14–18, Okt.–Dez. 14–18 Uhr | Eintritt 7 Euro | rue de l'Ancien Couvent St-Augustin | musikenfete.fr | 1 Std.)*, in dem du selbst mit exotischen Instrumenten musizieren kannst. G5

NSIDER-TIPP
Museum für die Ohren

14 TRÔO ★

25 km/25 Min. von Vendôme (Auto)

Der Glockenturm ist schon von Weitem zu sehen, das Geheimnis dieses Dorfs (285 Ew.) aber steckt buchstäblich unter der Erde. Unter einem Hügel mit Aussichtsterrasse haben die Menschen einst ihre Wohnungen tief in die Erde gegraben. Sehenswert der *puits qui parle*, der „sprechende Brunnen", mit 45 m Tiefe und einem enormen Echo, die *Grotte pétrifiante*, die „versteinerte Grotte" *(April–Juni, Sept./Okt. Di–So 10–12, 14–16.15, Juli/Aug. Di–So 10–12, 14–18.15, Nov.–März Di–Sa 10–12, Di/Fr 14–16.15 Uhr | Eintritt 1,50 Euro)* mit ihren Stalaktiten und die Höhlenwohnung *Cave Yuccas (April–Juni, Sept./Okt Mo–Fr 14–18, Sa/So 11–18, Juli/Aug. tgl. 10.30–19 Uhr | Eintritt 3 Euro | Facebook: Cave-Yuccas)* der Amerikanerin Kate Kilbourne, die du besichtigen oder auch mieten kannst.

Trôo ist Endstation einer *Bummelbahn (Mitte Mai–Mitte Sept. Sa/So 14.30, im Juli/Aug. einige Zusatzzüge, die unter ttvl.fr bekannt gegeben werden | 15 Euro hin und zurück | Abfahrt vom Bahnhof Thoré-la-Rochette | Reservierung unter vendome-tourisme.fr)* aus den 1950er-Jahren, die in geführten Touren Passagiere in etwa drei Stunden gemächlich über Montoire nach Thoré-la-Rochette und zurück führt. G5

Trôo: So schön haust es sich in Höhlen

SCHÖNER SCHLAFEN IN BLOIS & ORLÉANS

ZU GAST BEI LA FONTAINE

In Trôo hat Martial Chevallier die berühmten Fabeln La Fontaines als Inspiration genommen, um die Gästezimmer im Herrenhaus *L'Île Ô Reflets (5 Zi., 2 Apts. | 2, rue de la Plaine | Tel. 02 54 72 57 84 | moulindelaplaine.com | €€)* neben der alten Mühle in einem großen Garten mit viel Phantasie zu dekorieren.

TOURAINE

ZENTRUM DES LOIRE-TALS

Die ältesten Schlösser, die wundervollsten Gärten und die größte Stadt: Die Touraine ist der unbestrittene Mittelpunkt des Loire-Tals. Offiziell heißt das Département heute zwar Indre et Loire, aber gemeinhin sprechen alle von der Touraine und den Tourangeaux bzw. Tourangelles, wie die Einwohner sich nennen. Nicht nur das zwischen Loire und Cher gebaute Tours lohnt einen Besuch. Flussaufwärts war die Königsstadt Amboise die letzte Heimat für Leonardo da Vinci, flussabwärts ist Villandry noch heute das

Unübertroffene Eleganz. Mag daran liegen, dass in Chenonceau Frauen das Sagen hatten

Meisterwerk der Gartenkunst. Wegen ihres fruchtbaren Bodens trägt die Touraine auch den Spitznamen Jardin de la France, also Garten Frankreichs.
Noch romantischer als das Loire-Tal sind die Ufer des Cher mit dem Brückenschloss von Chenonceau, das Indre-Tal mit dem Domizil von Agnès Sorel in Loches, der Naturpark Brenne im Süden oder der nördliche Teil der Vienne, die durch Chinons Weinberge fließt und sich bei Candes-St-Martin mit der Loire vereint.

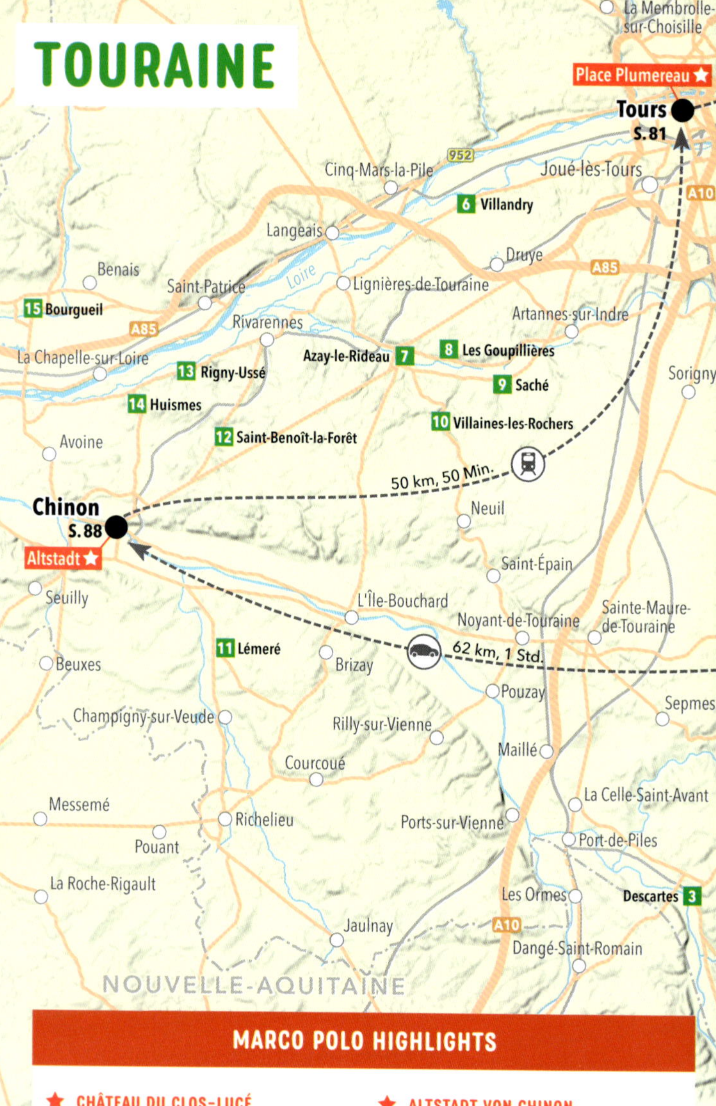

MARCO POLO HIGHLIGHTS

★ **CHÂTEAU DU CLOS-LUCÉ**
Wo Leonardo da Vinci seine letzten Lebensjahre verbrachte ➤ S. 74

★ **CHENONCEAU**
Endlich: Seit 2017 gehört das Schloss der Damen zum Welterbe der Unesco. ➤ S. 77

★ **PLACE PLUMEREAU**
Geselliger Platz im alten Herzen der Universitätsstadt Tours ➤ S. 83

★ **ALTSTADT VON CHINON**
Das mittelalterliche Ensemble passt zur Festung, in der mit viel Hightech die Vergangenheit erklärt wird. ➤ S. 88

★ **CITÉ ROYALE**
In der schön ummauerten Oberstadt von Loches atmest du wahre Geschichte. ➤ S. 78

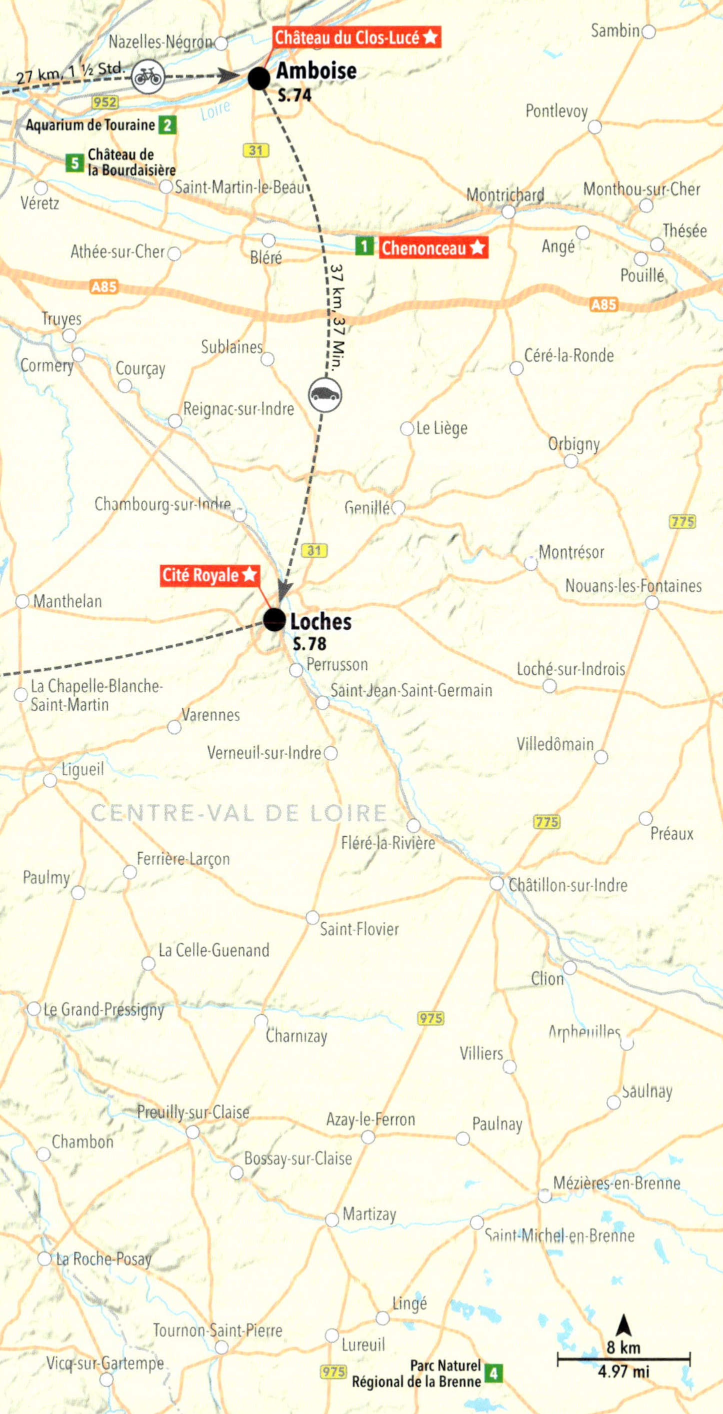

Château du Clos-Lucé
Amboise
S. 74
27 km, 1 ½ Std.
Nazelles-Négron
Sambin
952
Loire
Aquarium de Touraine 2
Château de la Bourdaisière 5
31
Pontlevoy
Véretz
Saint-Martin-le-Beau
Montrichard
Monthou-sur-Cher
Thésée
Angé
Athée-sur-Cher
Bléré
1 Chenonceau
Pouillé
A85
37 km, 37 Min.
Truyes
Sublaines
Cormery
Courçay
Céré-la-Ronde
Reignac-sur-Indre
Le Liège
Orbigny
Chambourg-sur-Indre
Genillé
775
31
Montrésor
Cité Royale
Nouans-les-Fontaines
Manthelan
Loches
S. 78
Perrusson
Loché-sur-Indrois
La Chapelle-Blanche-Saint-Martin
Saint-Jean-Saint-Germain
Varennes
Villedômain
Verneuil-sur-Indre
Ligueil
CENTRE-VAL DE LOIRE
775
Préaux
Fléré-la-Rivière
Ferrière-Larçon
Paulmy
Châtillon-sur-Indre
Saint-Flovier
La Celle-Guenand
Clion
Le Grand-Pressigny
975
Charnizay
Arpheuilles
Villiers
Saulnay
Preuilly-sur-Claise
Azay-le-Ferron
Paulnay
Chambon
Bossay-sur-Claise
Mézières-en-Brenne
Martizay
Saint-Michel-en-Brenne
La Roche-Posay
Lingé
Tournon-Saint-Pierre
Lureuil
Vicq-sur-Gartempe
975
Parc Naturel Régional de la Brenne 4
8 km
4.97 mi

AMBOISE

(◫ H6) **Amboise ist ein lebhaftes Städtchen mit vielen Restaurants, Geschäften und im Sommer Straßenmusikern.**
Hier hat der junge François I seine rauschenden Feste gefeiert, in diese Stadt, die heute 12 500 Ew. zählt, lockte er im Jahr 1516 Leonardo da Vinci, dessen Werke auf dem Herrensitz Le Clos-Lucé zu sehen sind.

SIGHTSEEING

CHÂTEAU ROYAL D'AMBOISE

Von den Gebäuden an der mächtigen Festungsmauer ist nur noch die *Chapelle St-Hubert* aus dem 15. Jh., das einstige Gebetshaus der Königin Anne de Bretagne mit dem Grabmal Leonardo da Vincis, übrig geblieben. Die lange Rampe führt auf eine Terrasse mit herrlichem Blick über die Loire. Sehenswert sind abgesehen von den königlichen Wohngemächern die neu eröffneten Festungsanlagen im Zentrum der *Tour des Minimes* aus dem Mittelalter, die unterirdischen Gänge und Räume sowie der frisch angelegte Park in der Schlossanlage. *Tgl. 9–16.30 bzw. 19 Uhr je nach Jahreszeit, Nov.–Jan. 12.30–14 Uhr geschl. | Eintritt 13,50 Euro | chateau-amboise.com | ⏲ 1½ Std.*

CHÂTEAU DU CLOS-LUCÉ ★ ☂

Auf dem Herrensitz, von Louis IX im Mittelalter gebaut, quartierte 1516 François I Leonardo da Vinci ein. Das Universalgenie aus Italien brachte sein wohl berühmtestes Gemälde, die „Mona Lisa", mit nach Frankreich. Auf Le Clos-Lucé konstruierte da Vinci bis zu seinem Tod im Jahr 1519 zahlreiche Maschinen. Im Erdgeschoss sind Dutzende von Modellen, z. B. Pumpen, Panzerwagen, Flugmaschinen, Automobile und eine Drehbrücke ausgestellt.
Im Park des Schlosses wurde ein interaktiver Parcours durch Kunstwerke und Modelle des Künstlers angelegt. Drei Restaurants und eine Boutique ergänzen die Anlage. *Tgl. Jan. 10–18, Feb.–Juni, Sept./Okt. 9–19, Juli/Aug. 9–20, Nov./Dez. 9–18 Uhr | Eintritt 18 Euro | 2, rue du Clos-Lucé | vinci-closluce.com | ⏲ 2 Std.*

CHÂTEAU GAILLARD

Es sind nur ein paar hundert Meter zum Clos Lucé von Leonardo da Vinci oder zum Königsschloss am Loire-Ufer, aber erst im 21. Jh. ist das Château Gaillard von einem Kenner der Renaissance wiederentdeckt, von Unkraut befreit und restauriert worden. Hier hat der italienische Gartenarchitekt Dom Pacello de Marcogliano für die Könige Charles XIII., Louis XII. und François I. die ersten Orangengärten (Orangerie) in Frankreich angelegt. Die Glasfenster im *palazotto* mit seinen Skulpturen und Friesen, in dem François II. und Mary Stuart ihre Hochzeitsnacht verbracht haben sollen, stammen aus dem 16. Jh. *Im Sommer tgl. 11–19, im Winter Mi–So 10–18 Uhr, Jan. geschl. | Eintritt 14 Euro | 29, allée du Pont Moulin | chateau-gaillard-amboise.fr | ⏲ 1½ Std.*

Amboise: Auf einer Terrasse am Fluss wird aus dem Päuschen gern mal eine Pause

PAGODE DE CHANTELOUP

Die 44 m hohe Pagode am Zierbecken blieb als einziges Gebäude vom einst prächtigen Schloss Chanteloup – im 19. Jh. zerstört – übrig. Den Turm im damals beliebten asiatischen Stil ließ der Herzog von Choiseul, Minister von Louis XV, 1775–1778 bauen. Die Pagode wird seit 1910 von der Familie André betreut und behutsam renoviert. Wunderbarer Ausblick von der Turmspitze, schöne und vor allem benutzbare Sammlung von alten und modernen Holzspielen, die der Eigentümer teilweise selbst entworfen hat, Bootsfahrten auf dem Zierteich und Picknickangebot. *Mitte März–Aug. tgl. 10–18 bzw. 19, Sept. Mo–Fr 10–12 u. 14–18, So/Sa 10–18 Okt.–Mitte Nov. tgl. 14–18 bzw. 17 Uhr | Eintritt 10,50, Kinder 7–18 Jahre 8 Euro, Bootsfahrt 6 Euro für 1 Std., Picknickkorb für Erwachsene ab 14, für Kindern ab 8,50 Euro | 3 km südl. vom Stadtzentrum | pagode-chanteloup.com*

ESSEN & TRINKEN

L'EPICERIE

Direkt am Fuß des Schlosses in einem Fachwerkhaus, das früher einen Lebensmittelladen beherbergte, residiert dieses Restaurant. Einfache, hausgemachte Küche mit frischen Zutaten. *Mitte Jan.–Nov. tgl. | 46, place Michel-Debré | Tel. 02 47 57 08 94 | lepicerie-amboise.com | €€*

CHEZ BRUNO

Drei Winzer haben sich zusammengeschlossen, um ein Weinlokal mit kleiner Speisekarte zu eröffnen: Der Wein stammt aus eigenem Anbau und passt hervorragend zu den kleinen,

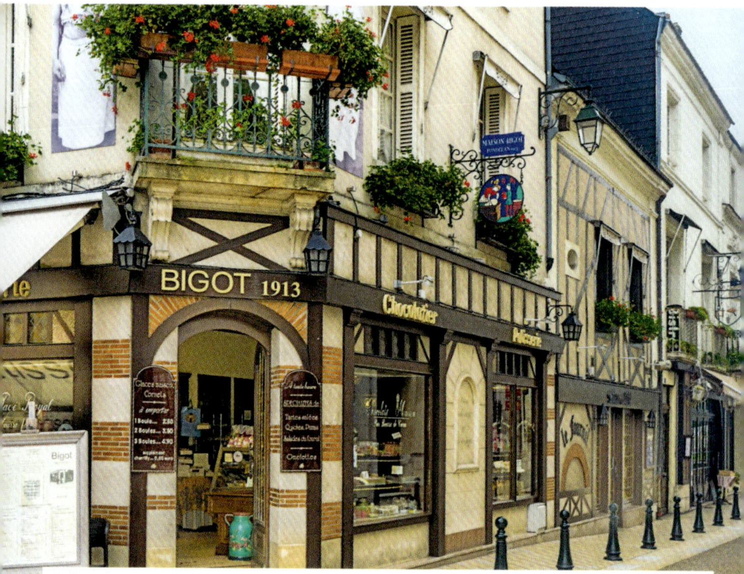

Süß? Salzig? Beides! In der Chocolaterie Bigot erst Herzhaftes, dann Schokoladiges genießen

günstigen Gerichten. *Di–Sa 12–14 u. 19–21.30 Uhr | 40, place Michel Debré | Tel. 02 47 57 73 49 | Facebook: Chez Bruno Amboise | €€*

CHOCOLATERIE BIGOT

INSIDER-TIPP
Mehr als bloß Schoki

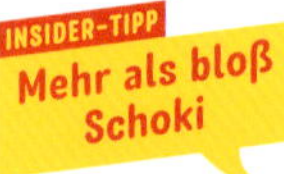

Der Schokoladenspezialist von Amboise bietet im Sommer kleine Gerichte auf der Terrasse mit Blick aufs Schloss. Zum Dessert passt dann vielleicht doch noch ein kleines Praliné wie die *orangette* hinein. *Im Sommer tgl. 8.30–20 Uhr, im Winter Mo geschl. | 2, rue nationale | Tel. 02 47 57 04 46 | maison-bigot-amboise.com | €*

CHÂTEAU DE PRAY

In der Burg aus der Zeit der Kreuzzüge befindet sich heute ein Hotel mit einem noblen Restaurant, das sich mit einem Michelinstern schmücken darf. Ein Menü von Chefkoch Arnaud Philippon und seinem Team bekommst du ab 59 Euro aufwärts. *Mo, Mi-Mittag u. So abends geschl., im Winter auch Di geschl. | rue du Cèdre | Chargé, 3 km östlich östlich von Amboise | auch 19 Zi. | Tel. 02 47 57 23 67 | chateaudepray.fr | €€€*

SPORT & SPASS

Am Flugplatz Amboise-Dierre (13 km von Amboise entfernt) kannst du mit *Cap Adrénaline (Reservierung online | 99 Euro/Pers. für 12 Min., 209 für 25 Min., 289 für 35 Min., 399 für 50 Min., 479 für 1 Std. | short.travel/loi15)* im Helikopter zu einem Flug über die Loire-Schlösser abheben, vorausgesetzt, das Wetter spielt mit.

RUND UM AMBOISE

1 CHENONCEAU ★

16 km/20 Min. von Amboise (Auto)

Chenonceau gilt als das Schloss der Damen, als Liebesnest und als elegante Bühne für Intrigen. Catherine Briçonnet, die Frau des königlichen Schatzmeisters Thomas Bohier, überwacht Anfang des 16. Jhs. die Bauarbeiten. Henri II schenkt das Schloss 1547 seiner Geliebten Diane de Poitiers. Nach seinem Tod verbannt seine Witwe Katharina von Medici die Rivalin aber auf das Schloss Chaumont, baut die zweigeschossige Galerie über dem Cher und betreibt ihre Intrigenpolitik auf dem Lustschloss.

Seit 2017 gehört das Schloss Chenonceau nun auch zum Unesco-Welterbe Loire-Tal, nachdem es bei der ersten Vergabe des Titels im Jahr 2000 zur großen Empörung der Direktion vergessen worden war. Jahr für Jahr lockt es knapp 1 Mio. Besucher an. Sehenswert sind v. a. im Erdgeschoss prachtvolle Gemälde, darunter Arbeiten von Rubens im Zimmer von François I, im Obergeschoss das Ehrenzimmer der Königinnen und das Gemach von César de Vendôme mit wertvollen Gobelins. Schön sind auch die beiden Gärten, die Katharina von Medici und ihrer Rivalin Diane de Poitiers gewidmet sind. *Tgl. je nach Jahreszeit und Wochentag 9/9.30–16.30/19 Uhr | Eintritt 15 Euro | Wartezeiten vermeidet, wer vorab Tickets für ein bestimmtes Zeitfenster reserviert | chenonceau.com | 2 Std.*

INSIDER-TIPP **Auch schön: Außenansicht**

Wer das Schloss vom linken Cher-Ufer aus nur von außen betrachten und sich den Eintritt sparen will, nimmt folgenden Weg: an der Pforte durch das Dorf Chenonceaux durchfahren, am Ortsausgang sofort rechts abbiegen, die Cher-Brücke überqueren und an einem Forsthaus rechts auf den Uferweg *(chemin de halage)* einbiegen. Nach 5 Min. Fußweg hast du das elegante Schloss vor Augen.

Ihr könnt euch Chenonceau auch vom Wasser aus ansehen: Geht einfach in Chisseaux 2 km flussaufwärts an Bord eines Ausflugsschiffs von *La Bélandre (Mai, Juni, Sept. tgl. 11, 15.15, 16.15, im Juli/Aug. zusätzlich 14.15 u. 17.30 Uhr, März/April, Okt./Nov. nach Vereinbarung | 11, Kinder 4–12 Jahre 7,50 Euro | labelandre.com)* und lasst euch 50 Minuten lang herumschippern. Inbegriffen: Anekdoten über das Schloss und die Region.

Wenn du schon einmal am Cher bist, solltest du einen Abstecher zum Landgasthof *La Boulaye (März–Mitte Nov. Do–So, in der Hauptsaison auch Mi abends | Familie Caron | Athée-sur-Cher, zwischen Tours und Chenonceaux, D 976, dann 2 km Feldweg | Tel. 02 47 50 29 21 | laboulaye.fr | €€)* machen. *H6*

2 AQUARIUM DE TOURAINE

8 km/30 Min. von Amboise (Fahrrad)

Das Aquarium in Lussault-sur-Loire wirbt damit, das größte Süßwasser-Aquarium ganz Frankreichs zu sein. Mit über 60 Wasserbecken voll tierischer Bewohner in 2 Mio. Liter Wasser und einem Haitunnel. *Feb.-Okt. tgl. 10/10.30–18, Juli/Aug. bis 19 Uhr, Nov./Dez. nur Mi, Sa/So und während der örtlichen Schulferien, Jan. geschl. | Eintritt 14,50, Kinder 4–12 Jahre 10,50, 13–17 Jahre 12,50 Euro | grandaquariumdetouraine.com | H6*

LOCHES

(H7) **Hoch über dem Fluss Indre thront die Festung, die den einst strategisch wichtigen Ort an der Kreuzung zweier römischer Straßen überwachte.**

Loches (6200 Ew.) verkörpert mit seiner sehr gut erhaltenen Altstadt ein Stück Mittelalter abseits der großen Touristenströme im Loire-Tal und ist der ideale Ort für Ausflüge in den Süden der Touraine mit dem regionalen Naturpark La Brenne.

SIGHTSEEING

ALTSTADT

Unterhalb von Schloss und Wehrturm ist die Altstadt bis ins 19. Jh. hinein ebenfalls von einer mächtigen Festungsmauer geschützt worden. Sehenswert sind das mächtige Eingangsportal im Nordwesten, die *Porte Picois* mit dem 1535 angebauten Renaissancebau des *Rathauses (Hôtel de Ville)*. In der *Rue du Château* bestechen die *Kanzlei (Chancellerie)* und das *Zentauren-Haus* gleich nebenan mit einem Fries, der zeigt, wie Herkules mit einem vergifteten Pfeil den Zentauren durchbohrt, der seine Frau entführen wollte.

Über die *Rue de la République* geht es in die *Unterstadt* mit der Kirche *St-Antoine*. Die *Galerie St-Antoine (tgl. 9–18.45 Uhr | Eintritt frei)* in einem der Kirchenflügel präsentiert zwei Gemälde, die zunächst Caravaggio zugeordnet wurden, aber wohl doch eher von einem seiner Weggefährten stammen.

CITÉ ROYALE ★

Die Zeit rund um den Königspalast scheint im 15. Jh. und der Renaissance stehengeblieben zu sein. Kein einziges modernes Gebäude stört die Harmonie der mittelalterlichen Stadt mit dem grandiosen Wehrturm *(Donjon)*, den Foulques Nerra im 11. Jh. bauen ließ. Eine Treppe mit 160 Stufen führt auf die 37 m hohe Plattform mit einem herrlichen Blick auf Loches und das Indre-Tal.

Im Schloss ist Frankreichs Geschichte geschrieben worden, weil hier 1429 die Jungfrau von Orléans Charles VII. überzeugt haben soll, nach Reims zu gehen. Geprägt hat den Palast aber Agnès Sorel, die erste offizielle Mätresse der französischen Geschichte, die hier im Alter von gerade mal 28 Jahren gestorben ist, offiziell an einer Magenverstimmung. Der Leichnam von Agnès Sorel hat seine Ruhestätte in der Stiftskirche *St-Ours (Eintritt frei)* mit ihrem romanischen Portal gefunden, die gerade aufwendig restauriert wird. *Tgl. 9.30–17, im Sommer 9–19 Uhr | Kombiticket für Logis Royal und Donjon 10,50 Euro | citeroyaleloches.fr*

ESSEN & TRINKEN

LE P'TIT RESTAU

INSIDER-TIPP
Tradition mal anders

Auf der Suche nach einer Restaurantlocation sind Marie und Matthieu Bally Loches' Charme verfallen. Seither erweitert sie hier die traditionelle Küche kreativ um exotische Noten und er kümmert sich um den Service. Auf der wöchentlich wechselnden Karte: drei Vor-, Haupt- und Nachspeisen mit frischen Zutaten der Saison. *Mi, Do geschl. | 6, Grande Rue | Tel. 02 47 19 85 32 | leptitrestau.fr | €€*

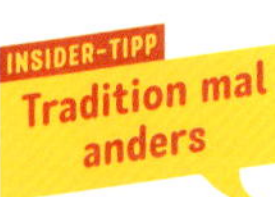

SPORT & SPASS

BADEN

Für Familien ideal ist der *Badesee* von Chemillé-sur-Indrois *(Eintritt frei | 16 km im Osten)* mit Gastronomie, Spielplätzen und Liegeflächen am Wasser.

NATUREO

Das Freizeitbad in Loches ist mit seinen Rutschbahnen, dem Wellnesszentrum und vor allem seinem Naturschwimmbecken ohne Chlor auf Familien eingestellt. *In den Sommerferien tgl. 10–20, Di bis 22 Uhr | Eintritt 5,90, Kinder 4,60 Euro | 1, allée des Lys | parc-natureo.fr*

WELLNESS

LES BAINS DOUCHES

In einem ehemaligen Schlachtereigebäude aus dem 18. Jh. direkt am Indre-Fluss wartet ein kleines, aber feines Wellnesszentrum auf dich! *So geschl. | Eintritt ab 22 Euro | impasse du Sanitas | Tel. 02 47 59 12 12 | les-bains-douches.fr*

Die Altstadt von Loches klammert sich bildschön an die Mauern der alten Festung

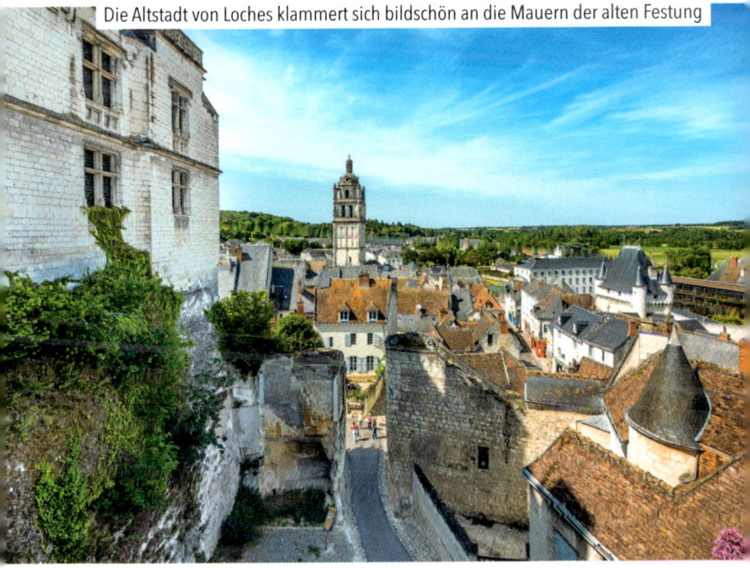

RUND UM LOCHES

3 DESCARTES

30 km/30 Min. von Loches (Auto)

„Ich denke, also bin ich", sagte René Descartes, der 1596 in dem kleinen Ort La Haye auf die Welt kam. Seit 1967 trägt das Städtchen (3400 Ew.) mit der sehenswerten Kirche *St-Georges* aus dem 12. Jh. und dem großen Markt am Sonntagvormittag den Namen des Philosophen, der als Bronzestatue auf dem zentralen Platz thront. Das Geburtshaus von René Descartes ist heute ein *Museum (Mai–Okt. Mi–Fr und an einigen Wochenenden 14–18, Hochsommer Mi–So 10–12 u. 14–18 Uhr | Eintritt 5 Euro | 29, rue Descartes | short.travel/loi16 | 1 Std.).* G8

4 PARC NATUREL RÉGIONAL DE LA BRENNE

60 km/60 Min. von Loches (Auto)

So viele Vogelarten und Sumpfschildkröten *(cistude d'Europe)* wie im regionalen Naturpark siehst du nur ganz, ganz selten in Frankreich. Das Land der tausend Teiche hat sein zentrales Verwaltungszentrum in der *Maison du Parc (parc-naturel-brenne.fr)* im Weiler Le Bouchet bei Rosnay mit Informationszentrum, Boutique und einem Restaurant *(€)*, das das ganze Jahr über bis 17 bzw. 18 Uhr Spezialitäten der Region serviert. Hier ist der ideale Ausgangspunkt für Radtouren und Wanderungen durch Wälder, Wiesen und Felder an den Teichen. Nimm dir die Zeit, von den vielen Beobachtungsstationen *(observatoire)* des Naturparks aus Seidenreiher, Enten und selbst Fischadler zu entdecken. Fern-

Essen, Kinder! Seeschwalbenmütter können im Naturpark Brenne aus dem Vollen schöpfen glas nicht vergessen! Die Brenne ist mit ihrem ausgeklügelten Teichsystem auf mehreren Stufen seit dem 14. Jh. einer der größten Produzenten von Karpfen in Frankreich. Hauptabnehmer im Export der Süßwasserfische, die im Winter mit Netzen und Keschern aus dem Wasser geholt werden, ist Deutschland. *H8*

TOURS

(G6) **Mehr schöne Dinge des Lebens wie Lachen, Liebe, Frische, Blumen und Parfüm als in allen anderen ihm bekannten Städten hat Honoré de Balzac in Tours gefunden.**

Kein Wunder, der Schriftsteller wurde 1799 in der ehemaligen Hauptstadt des Königreichs Frankreich geboren. Die lebendige Universitätsstadt mit mehr als 31 000 Studenten bei 137 000 Ew. insgesamt, die sich auch einen Namen in der Hightechindustrie gemacht hat, bietet gute Ausgehmöglichkeiten und gehört nicht ohne Grund zu den Städten, die in der Beliebtheitsskala der Franzosen, was die Lebensqualität angeht, ganz oben stehen. Bis zum Ende des Jahrzehnts soll eine zweite Tramlinie gebaut werden und über eine dritte wird in der regionalen Presse bereits spekuliert.

WOHIN ZUERST?

Altstadt: Starte in der Altstadt rund um die *Place Plumereau*. Dein Wagen steht gut im Parkhaus *Les Halles (place Gaston Paillhou, rund 670 Plätze)* oder direkt an der Brücke Pont Wilson im Parkhaus *Anatole France (place Anatole France, rund 400 Plätze)* zwischen Altstadt und Kathedrale. Am Flussufer gibt es weitere 300 Gratisplätze. Die wichtigsten Buslinien führen zur *Place Anatole France*, ein paar Meter von der Place Plumereau entfernt.

SIGHTSEEING

ALTSTADT

Tours besitzt zwei alte Stadtkerne zwischen Loire und Cher, die erst im 14. Jh. durch einen Mauerring verbunden wurden. Zuerst entwickelte sich das Viertel rund um die *Kathedrale St-Gatien*. Vom *Schloss (Di–So 14–18 Uhr | Eintritt 4,20 Euro | chateau.tours.fr)*, das heute Wechselausstellungen beherbergt, sind lediglich noch zwei der einst vier Ecktürme erhalten.

Über die *Rue de la Scellerie* mit ihren Antiquitätenhändlern führt ein schöner Spaziergang westwärts bis zur *Rue Nationale*, der großen Einkaufsstraße. Am Ende dieser zentralen Achse der Stadt gelangst du zur *Porte de Loire*, also der Tür zur Loire, die Tours seit Neuestem zum Fluss hin öffnet. In dem gigantischen Bauprojekt wurde die Uferpromenade neu erdacht, und an der *Place Anatole France* findest du nun zwei Hotels, viele neue Läden und das neue *Museum für zeitgenössische Kunst*. Von dort führt die *Rue du Commerce* bis hinein in das zweite alte Zentrum rund um die lebendige Place Plumereau mit ihren Fachwerkbauten. In

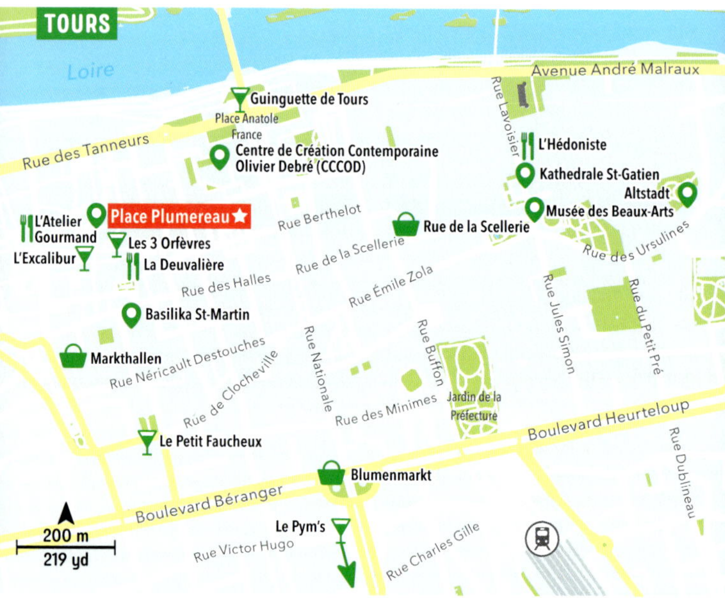

der *Rue Briçonnet* sind alle Baustile in Tours von der romanischen Fassade aus dem 13. Jh. bis hin zum Bürgerhaus des 18. Jhs. versammelt.

KATHEDRALE ST-GATIEN

Die mit kunstvollen Glasmalereien aus dem 13. Jh. versehene Kathedrale trägt seit dem 14. Jh. den Namen des vermutlich ersten Bischofs von Tours. Sie ist mit ihrer Doppelturmfassade ein gutes Beispiel gotischer Kirchenbaukunst. *Place de la Cathédrale*

MUSÉE DES BEAUX-ARTS

Das Kunstmuseum befindet sich im historischen Herzen von Tours bzw. vom gallorömischen Caesarodunum, wie Tours vor 2000 Jahren hieß. In Stein gehauene Inschriften in den Kellergewölben erinnern an den Ruhm der antiken Stadt. Heute steht hier der erzbischöfliche Palast aus dem 12. und 17. Jh., der die Kunstsammlung mit Schätzen aus den zerstörten Schlössern von Richelieu, Chanteloup und den großen Abteien des Umlands beherbergt. Im Ehrenhof steht eine gigantische Zeder aus dem Libanon, die 1804 gepflanzt wurde und heute über 30 m hoch und 3 m breit ist. *Mi–So 9–18, Mo 9.30–18 Uhr | Eintritt 8 Euro | 18, place François Sicard | mba.tours.fr | 1½ Std.*

CENTRE DE CRÉATION CONTEMPORAINE OLIVIER DEBRÉ (CCCOD)

Das Museum für zeitgenössische Kunst ist in einen spektakulären Bau im neuen Viertel Porte de Loire umgesiedelt. Seit dem Tod von Olivier Débré wird hier das Werk des abstrakten Malers mit dem aktuellen Kunstschaffen in Verbindung gebracht. Kein Mausoleum, sondern ein Ort des Schaffens. *Mi–So 11–18, Sa bis 19 Uhr | Eintritt 7 Euro | Jardin François 1er | cccod.fr | ⏲ 1 Std.*

PLACE PLUMEREAU ★

Die Fachwerkhäuser aus dem 15. und 16. Jh., die erst nach 1966 renoviert wurden, sind heute beliebte Treffpunkte von Studenten der nahen Universität.

BASILIKA ST-MARTIN

Diese Kirche wurde zu Ehren des berühmten Bischofs zwischen 1886 und 1924 im neobyzantinischen Stil ganz neu errichtet. Von einem Vorgängerbau, von 997 bis hinein ins 13. Jh. nach dem Vorbild der Kathedrale von Bourges gebaut, sind heute nur noch die beiden Türme, die *Tour Charlemagne* und die *Tour de l'Horloge*, übrig.

ESSEN & TRINKEN

L'ATELIER GOURMAND

David und Fabrice Bironneau haben das Haus aus dem 15. Jh. komplett umgekrempelt. Regionale Spezialitäten mit einer exklusiven Note werden hier serviert. *Im Sommer So, Mo- u. Sa-Mittag, im Winter So/Mo u. Sa-Mittag geschl. | 37, rue Etienne Marcel | Tel. 02 47 38 59 87 | lateliergourmand.fr | €€*

LA DEUVALIÈRE

In einem Haus aus dem 16. Jh. nahe der Place Plumereau in der Altstadt komponiert Chefkoch Julien Martineau Gerichte mit dem, was Mutter Natur gerade so liefert.

Die schön hergerichteten Speisen machen sich nicht nur gut auf Instagram, sondern schmecken auch noch vorzüglich. *Sa/So geschl. | 18, rue de la Monnaie | Tel. 02 47 64 01 57 | restaurant-ladeuvaliere.com | €€*

L'HÉDONISTE

Gut sortierter Weinkeller mit vielen Bioweinen und ein Restaurant, das nahezu ausschließlich mit Produkten aus der Region arbeitet. *So, Mo geschl., im Sommer aber montagabends geöffnet | 16, rue Lavoisier | Tel. 02 47 05 20 40 | lhedoniste-caviste.com | €€*

SHOPPEN

MARKTHALLEN

Jeden Tag Markt ist in Tours selbstverständlich. Sieben Tage die Woche ha-

Laute Musik, bunte Hemden, Fachwerk: Immer was los auf der Place Plumereau

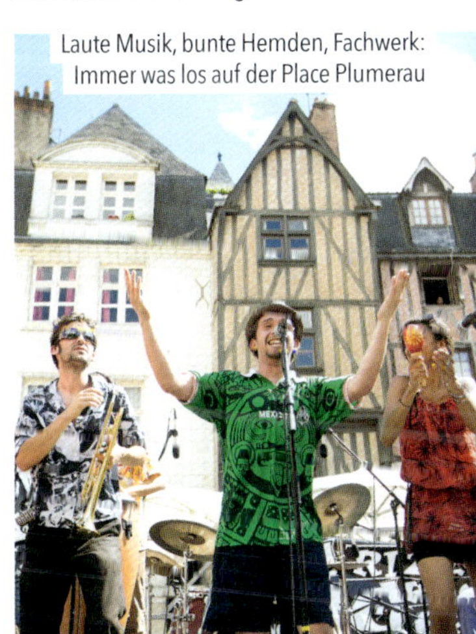

ben die Lebensmittelhändler der traditionellen Markthallen, *Halles de Tours,* geöffnet – offiziell, doch montags legen 2/3 der Stände einen Ruhetag ein, schau also lieber an einem der anderen Tage vorbei. *Mo–Sa 7–19, So 7–13 Uhr | place Gaston Paillhou | les hallesdetours.fr*

BLUMENMARKT

Den *Marché aux fleurs,* den Blumenmarkt von Tours in der Altstadt sahen viele schon durch die neue Tramlinie gefährdet. Diese wird nun wohl aber doch nicht über die Promenade verlaufen, auf der seit 1874 einer der größten französische Blumenmärkte stattfindet. Dort findest du nicht nur Blüten und Grünzeug, sondern auch Kunsthandwerk. *Mi, Sa 8–19 Uhr | bd. Béranger*

RUE DE LA SCELLERIE

Für Schnäppchenjäger in Sachen Antiquitäten sind die Geschäfte in dieser Altstadtstraße nahe der Kathedrale St-Gatien die erste Adresse.

SPORT & SPASS

Vor den Toren der Großstadt bleibt die Loire wild und ungezähmt. Die Schönheit des Flusses, der immer wieder neue Inseln schafft, zeigt sich am besten auf dem Wasser. In Rochecorbon *(8km östlich)* hat der Verein *La Rabouilleuse (1,5 Std. Ausflug 20 Euro | quai de la Loire | Tel. 06 95 39 32 00 | larabouilleuse-ecoledeloire.com)* zwei Holzboote mit Segeln für Touren auf der Loire, zum Beispiel stromaufwärts zum *Lanterne-Turm,* der hoch über dem Fluss einst den Schiffsverkehr überwachte.

AUSGEHEN & FEIERN

Als Studentenstadt bietet Tours jede Menge Angebote für junge Leute. Seit jeher ein Treffpunkt mit Bars, Diskos und Cafés ist die *Place Plumereau* im alten Zentrum. Rund um die Fußgängerzone in der *Rue de Bordeaux* wird das Viertel in der Nachbarschaft des Bahnhofs abends sehr lebendig.
Der Rocksender *Radio Béton (radiobeton.com)* organisiert alljährlich Anfang Juni das fünftägige *Festival Aucard de Tours* im Parc de la Gloriette.

L'EXCALIBUR

Wer tanzen möchte, ist in dem Laden in Tours Altstadt gut aufgehoben. *35, rue Briconnet | Facebook: Excalibur Tours*

LES 3 ORFÈVRES

Allround-Club mit Diskothek, Livemusik, Afterwork und Studentenabenden. *6, rue des Orfèvres | 3orfevres.com*

LE PETIT FAUCHEUX

Jazzfreunde ziehen am besten in diesen Konzertsaal, der auch das Newcomer-Festival *Emergences (festivalemergences.fr)* mitveranstaltet. *12, rue Léonard-de-Vinci | petitfaucheux.fr*

LE PYM'S

Noch ein Tanzclub-Klassiker. Es gibt zwei Säle – einen für den aktuellen Musikgeschmack, einen für die Retros. *170, av. de Grammont | Instagram: lepyms*

GUINGUETTE DE TOURS

Im Sommer ist dieser Biergarten unter freiem Himmel an der Wilson-Brücke nahe der Place Anatole France der

Kauf bei den Meistern der Köstlichkeiten in den Markthallen von Tours fürs Picknick ein

schönste Treffpunkt der Stadt: Konzerte, Workshops, Verkostungen, Tanz, Spiele, Kleinkunst und Restaurant versammeln die Leute an der Loire. Der Klassiker der Stadt soll in das hier entstehende neue Uferviertel Porte de Loire eingegliedert werden. *Mai–Sept. tgl. 11–00.30 Uhr | Facebook: La Guinguette de Tours sur Loire*

RUND UM TOURS

5 CHÂTEAU DE LA BOURDAISIÈRE

15 km/1 Std. von Tours über „Loire à Vélo" flussaufwärts (Rad)

In Montlouis-sur-Loire zwischen Tours und Amboise hegt und pflegt die Prinzenfamilie De Broglie über 400 verschiedene Sorten Tomaten in ihrem *Conservatoire de la Tomate (conservatoiredelatomate.fr)* rund um das *Château de la Bourdaisière* aus der Renaissance. Probieren kannst du sie in der *Bar à Tomates*. Zu seinem 75. Geburtstag hat der kleine Prinz mit der Sonderausstellung „Dessine-moi ta planète" (Zeichne mir deinen Planeten) im Schloss Einzug gehalten. *Tgl. April/Mai, Okt. 11–18, Juni–Sept. 10–19 Uhr | Eintritt 12 Euro | Tel. 02 47 45 16 31 | chateaulabourdaisiere.com |* *G6*

6 VILLANDRY

18 km/1 Std. von Tours den Cher hinab (Rad)

In diesem Garten kann sich jeder Besucher verlieren – stundenlang, tagelang und das zu jeder Jahreszeit. Die Nachkommen des spanischen Arztes

Azay-Le-Rideau – ein prima Platz für Dornröschen. Oder Drosselbart

Joachim Carvallo, der dieses letzte große an der Loire gebaute Renaissanceschloss im Jahr 1906 kaufte, lassen sich von der Gartenbaukunst des 16. Jhs. inspirieren und veranstalten auf etwa 5 ha ein Fest für Augen, Ohren und Nase: Da gibt es Ziergärten mit kunstvoll angelegten Beeten, einen Wassergarten, herrliche Baumalleen, aber auch Gärten voller Heilkräuter und Gemüse. Die stattliche Anzahl von 1260 Linden und 52 km Buchsbäumen, die jedes Jahr beschnitten werden, schmückt das Areal, auf dem außerdem ein Sonnengarten *(jardin du soleil)* nach alten, aber bislang niemals verwirklichten Plänen Joachim Carvallos mit einem sternförmigen Wasserbecken sowie Spielgeräten für Kinder eröffnet wurde. Gemüse aus dem Garten wird im Restaurant *La Doulce Terrasse (April–Mitte Nov. tgl. 10–17 Uhr | €)* serviert. *Schloss: tgl. Feb.–Dez. 9 bzw. 9.30–17 bzw. 18, Juli/Aug. 9–18.30 Uhr, Garten: tgl., im Winter 9 bzw. 9.30–17 bzw. 18, April–Sept. 9–19 Uhr | Eintritt 8, mit Schloss 12,50 Euro | chateauvillandry.com | 2 Std.*

Wer nach der Gartenbesichtigung Appetit bekommen hat, wird im Restaurant *Etape Gourmande (Domaine de la Giraudière | auch mit großer Ferienwohnung (gîte) | Mitte März–Mitte Nov. tgl. 12–14.30, 19.30–21 Uhr | Tel. 02 47 50 08 60 | letapegourmande.com | €€)* mit regionalen Produkten gut bedient. Vor allem der Ziegenkäse, der von einem benachbarten Hof stammt, ist der Hit! *F6*

INSIDER-TIPP
Das Beste von der Ziege

7 AZAY-LE-RIDEAU

25 km/30 Min. von Tours (Auto)

Honoré de Balzac konnte sich für dieses Schloss begeistern, das im 16. Jh. vom königlichen Schatzmeister Gilles Berthelot wieder aufgebaut wurde. Für den Schriftsteller war es ein von der „Indre umspülter, geschliffener Diamant". Der Bau, der die französische Tradition mit hohen Dächern und schlanken Türmchen mit der italienischen Strenge der Symmetrie und der waagerechten Linien verbindet, ist zum Teil in den Fluss hineingestellt. *Tgl. April–Sept. 9.30–18, Juli/Aug. bis 19, Okt.–März*

10–17.15 Uhr | Eintritt 11,50 Euro, Nov.–März am 1. Sonntag im Monat Eintritt frei | azay-le-rideau.fr | 1½ Std.
Das hübsche Château ist die Hauptattraktion der kleinen Stadt (3500 Ew.) gleichen Namens, die zudem das originelle Museum *Espace Maurice Dufresne (April–Juni, Juli/Aug. tgl. 10–19, Sept. Mi–So, Okt. Fr–So 10–18 Uhr | Eintritt 12, Kinder unter 10 Jahren frei, 10–17 Jahre 7, Studenten 9,50 Euro | Moulin de Marny | 6 km westlich | musee-dufresne.com | 2 Std.)* beherbergt, das in einer ehemaligen Papiermühle auf einer Halbinsel im Fluss mehr als 3000 alte Maschinen wie eine Guillotine von 1792, einen amerikanischen Traktor von 1914 und einen Wassermotor von 1877 als Hommage an den menschlichen Erfindungsgeist präsentiert. Es gibt außerdem ein Restaurant und Picknickplätze. Wenn's nur was zu essen ohne Museum sein soll, dann empfiehlt sich das in einer Höhlenwohnung eingerichtete Restaurant *Les Grottes (23 ter, rue Pineau | Tel. 02 47 86 22 96 | restaurantlesgrottes.sitew.fr | €€). F7*

8 LES GOUPILLIÈRES

27 km/30 Min. von Tours (Auto)

In diesem Tal etwa 2 km östlich von Azay liegt in viel Grün eingebettet eine wunderschöne Höhlenanlage, die einst der Obstbauer Louis-Marie Chardon ausgegraben hat. Es gibt einen Bauernhof mit Wohnraum, die Reste einer Seidenraupenzucht, Holzofen und Ställe für die Esel zu sehen. *Tgl. Feb.–April 14–17.30, Mai/Juni, Sept. 10/10.30–18, Juli/Aug. 10–19, Okt.–Anfang Nov. 11–17.30 Uhr | Eintritt 7,40, Kinder 5–17 Jahre 5 Euro | troglodytedesgoupillieres.fr | F7*

9 SACHÉ

25 km/30 Min. von Tours (Auto)

In dem kleinen Renaissanceschloss mit dem herrlichen Park fand der von seinen Gläubigern in Paris gejagte Honoré de Balzac die Ruhe, um seine Romane gleich im Dutzend zu schreiben. Dort ist sein Arbeitszimmer noch genauso eingerichtet, wie er darin gearbeitet hat. Interessante Dokumentation des Schriftstellerlebens in zehn Sälen (Führung empfehlenswert), verschiedene Entwürfe zur Rodin-Statue des Autors. *Château de Saché | April–Juni, Sept. tgl. 10–18, Juli/Aug. tgl. 10–9, im Winter Mi–Mo 10–12.30, 14–17 Uhr | Eintritt 6 Euro | musee-balzac.fr | G7*

10 VILLAINES-LES-ROCHERS

35 km/35 Min. von Tours (Auto)

Das Dorf mit den Höhlenwohnungen ist für seine Korbmacher bekannt. 1849 gründete der Pfarrer eine *Kooperative (vannerie.com)*, an der heute noch rund 80 Familien beteiligt sind. Außer handgemachten Körben für alle Lebenslagen werden auch drei- bis fünftägige Kurse angeboten, in denen du deinen eigenen Korb flechten kannst. Achtung, früh buchen, die Kurse sind oft bereits ein Jahr im Voraus ausgebucht.

Das *Musée de l'Osier et de la Vannerie (April–Anfang Nov. Mi–So 14–18 Uhr |*

Eintritt 5 Euro | 7, place de la Mairie | short.travel/loi11) dokumentiert die Geschichte des Flechthandwerks. *F7*

CHINON

(F7) **Der Geist François Rabelais', des Dichters lukullischer Genüsse, weht immer noch durch die direkt am Vienne-Ufer gelegene schöne alte Stadt – ein Gebiet, das bereits von den Römern besiedelt war.**
300 Jahre lang war das Schloss nur eine Ruine, 2010 sind die im mittelalterlichen Stil neu aufgebauten Teile wieder eröffnet worden. Das schon länger restaurierte, autofreie Zentrum von Chinon (8100 Ew.) hat nie seinen mittelalterlichen Charakter verloren und lädt mit seinen Häusern, die zum Teil aus dem 12. Jh. stammen, zum Entdeckungsspaziergang ein.

SIGHTSEEING

ALTSTADT

Der schönste Platz von Chinon ist der *Grand Carroi*, im Mittelalter das Zentrum der Stadt an der Kreuzung der Rue Haute-St-Maurice (heute Rue Voltaire) mit der Rue du Grand Carroi. Die *Maison Rouge* (14. Jh.) mit ihrem Fachwerk und ihren roten Ziegelsteinen, die Säulenstatuen im ehemaligen Haus der Intendantin, das *Hôtel des Etats Généraux* aus Stein, heute das Stadtmuseum *Le Carroi (museelecarroi.fr)* und das *Hôtel du Gouvernement* mit seinem Arkadenhof liegen rund um den Platz.
Nur ein paar Schritte weiter sind es bis zu den *Caves Painctes (max. 30 Personen für 72 Euro die halbstündige Führung | Reservierung beim Syndicat des vins de Chinon | Tel. 02 47 93 30 44)*, die auf Anfrage für Gruppen zugänglich sind. In den Kellern von Rabelais werden heute noch vier Mal im Jahr neue Mitglieder in den Clan der *Bons Entonneurs Rabelaisiens (entonneurs-rabelaisiens.com)*, die Bruderschaft der guten Kellermeister, aufgenommen.

CHAPELLE STE-RADEGONDE

Kleine, in den Felsen gegrabene Kapelle, in der 1964 Wandmalereien aus dem 12. und 13. Jh. entdeckt wurden. *Anfang/Mitte April–Mitte/Ende Sept. Sa/So 15–8, Juli/Aug. tgl. 10–13 u. 15–18 Uhr | Eintritt frei*

FORTERESSE ROYALE

Hightech trifft Mittelalter: Die Ruine des von Kardinal Richelieu im 17. Jh. zerstörten Schlosses, in dem einst Jeanne d'Arc den Kronprinzen Charles VII in der Menge entdeckte und ihn auf seine Königsrolle einschwor, ist heute nicht mehr wiederzuerkennen. Außerhalb der alten Festungsanlage mit dem imposanten Wehrturm von Coudray als Wahrzeichen ist ein hypermodernes Empfangsgebäude mit Parkplätzen entstanden, im Palais Royal erinnern Multimedia-Installationen an die Geschichte der Burg, die einen wunderschönen Blick auf Weinberge, Altstadt und das Vienne-Tal bietet. *Tgl. Nov.–Feb. 9.30–17, März/April, Sept./Okt. 9.30–18, Mai–Aug. 9.30–19*

Uhr | Eintritt 10,50 Euro | avnue François Mitterrand | forteressechinon.fr | 1½ Std.

ESSEN & TRINKEN

LES ANNÉES 30

In dem nett eingerichteten Restaurant bekommst du sehr gute regionale Küche serviert. *Di, Mi geschl. | 78, rue Haute-St-Maurice | Tel. 02 47 93 37 18 | lesannees30.com | €€*

AU CHAPEAU ROUGE

Das Restaurant arbeitet mit Lieferanten der Region, bringt das Haselhuhn *(géline)*, frische Fische aus der Loire, Spargel aus Richelieu, die getrockneten Birnen aus Rivarennes und die großen Weine der Region auf den Tisch. *So-Abend, Mo, Di-Mittag geschl. | 49, place du Général de Gaulle | Tel. 02 47 98 08 08 | Facebook: AuChapeauRouge | €€*

SHOPPEN

Der rote Chinon gehört mit zum Besten, was Winzer aus der Cabernet-franc-Traube keltern können. Einen guten Überblick verschaffen das *Syndicat des Vins de Chinon (impasse des Caves Painctes | chinon.com)* und die *Maison des Vins et du Tourisme (Beaumont-en-Véron, 6 km nördl. | 14, rue du 8 mai 1945 | lamaisondesvinsduveron.com)*.

Gute Adressen um den köstlichen Chinon zu kaufen sind *Couly-Dutheil (12, rue Diderot | Chinon | Tel. 02 47 97 20 20 | coulydutheil-chinon.com)*, die Winzerfamilie Manzagol-Billard *(Domaine de la Noblaie, Le Vau Breton | Ligré, 4 km südwestl. | Tel. 02 47 93 10 96 | lanoblaie.fr)*, die Biowein produziert, sowie die Winzer Pascale und François Plouzeau *(Domaine de la Garrelière | Razines, 25 km südwestl. | Tel. 02 47 95 62 84 | garreliere.com)*, der nach biodynamischen Regeln im Süden des Anbaugebiets arbeitet.

Selbst in ruinösem Zustand ein exzellenter Aussichtspunkt: die Festung von Chinon

RUND UM CHINON

11 LÉMERÉ

12 km/45 Min. von Chinon über die „Voie Verte" (Rad)

Das 500-Seelendorf liegt auf einem der ersten virtuell vernetzten Radwege Frankreichs: der 19 km langen „Voie Verte", einer zum Rad- und Wanderweg umfunktionierten ehemaligen Bahnstrecke zwischen Chinon und Richelieu. Mit der App „Voie Verte Richelieu-Chinon" kannst du die Strecke im Vorbeiradeln entdecken. Das *Schloss von Rivau (tgl. April, Okt.–Mitte Nov. 10–18, Mai–Sept. 10–19 Uhr | Eintritt 12 Euro | chateaudurivau.com | 1½ Std.)* lohnt den Umweg! Im Schlossgarten trifft mittelalterliche auf zeitgenössische Kunst, und im Inneren wird die historische Einrichtung dank der Hörspieleinlagen wieder lebendig. Loch im Bauch? Das Restaurant *Table des fées (€)* serviert mittags Wein sowie Suppen und Salate aus eigener Produktion. Im zweiten Restaurant, dem *Jardin Secret (€€€)*, in dem du Mi–Sa auch zu Abend essen kannst, geht es etwas gehobener zu. *F7*

12 SAINT-BENOÎT-LA-FORÊT

10 km/12 Min. von Chinon (Auto)

Bis zu 20 m hoch in die Bäume geht es hier im Klettergarten zwischen Chinon und Azay-le-Rideau auf unterschiedlich schweren Strecken durch die Anlage – von der einfachen Kraxeltour für Kinder bis zum No-Limit-Weg für Fortgeschrittene. *April–Mitte Sept. am Wochenende und während der örtlichen Schulferien tgl. 14–18.30 bzw. 19 Uhr, Juli/Aug. tgl. 11–19 Uhr | Eintritt 25, Kinder 12–24 Euro je nach Alter | saintbenoitaventure.com | F7*

13 RIGNY-USSÉ

14 km/20 Min. von Chinon (Auto)

Das *Château d'Ussé* an der Indre nahe der Loire inspirierte den Dichter Charles Perrault (1628–1703) beim Schreiben seiner Dornröschengeschichte. Die weiße Fassade mit den Schieferdächern sieht noch heute märchenhaft aus. Die Inneneinrichtung ist sehenswert; es gibt Szenendarstellungen mit lebensgroßen Puppen, die zum Teil allerdings recht kitschig sind. *April–Sept. tgl. 10–19, Mitte Feb.–März sowie Okt.–Mitte Nov. 10–18 Uhr | Eintritt 14 Euro | chateaudusse.fr | F7*

14 HUISMES

10 km/12 Min. von Chinon (Auto)

In dem kleinen Dorf lebten und arbeiteten zwischen 1955 und 1969 der deutsche Maler Max Ernst und seine amerikanische Lebensgefährtin Dorothea Tanning. Der Kunstexperte Dominique Marchès hat das Haus mit Garten erworben, renoviert und die *Maison Max Ernst (Mitte April–Mitte Nov. nach Vereinbarung Fr–So 14–19 Uhr | Eintritt frei | 12, rue de la Chancellerie | maison-max-ernst.org)*, ein sehenswertes Dokumentationszentrum über Leben und Werk des Künstlers, aufgebaut. *F7*

15 BOURGUEIL

17 km/20 Min. von Chinon (Auto)

Dieser kleine Weinort (3900 Ew.) sowie seine Nachbargemeinde St-Nico-

Rabelais lobte Bourgueils Roten. Die Winzer von heute arbeiten weiter an dessen gutem Ruf

las-de-Bourgueil blicken auf eine lange Tradition zurück und wurden schon von Rabelais wegen ihrer roten Tropfen geschätzt. In der Benediktinerabtei St-Pierre wurden bereits im 13. und 14. Jh. ausgedehnte Keller eingerichtet. Kloster und Garten (*April–Juni, Sept. Sa/So 14–18, Juli/Aug. Di–So 10–18 Uhr | Eintritt 10, nur Klosterführung 6, nur Garten und Ausstellung 5 Euro | abbaye-bourgueil.fr*) kannst du heute besichtigen.

Der Weinkeller *Cave de la Dive Bouteille (April–Okt. Di–Sa 11–19 Uhr | Eintritt 5 Euro | Tel. 02 47 97 00 00 | Facebook: Cave de la Dive Bouteille)* hat neben einem Museum, Verkostungen und einem Weinladen auch eine Weinbar mit Terrasse inmitten der Weinreben in petto. Auf der Karte: Eine Auswahl von 50 Weinen. Eine Entdeckung ist das Restaurant *Vincent, Cuisinier de Campagne (19, rue de la Galottière | Ingrandes-de-Touraine, 8 km im Osten | Tel. 02 47 96 17 21 | Reservierung empfohlen | €–€€ | Facebook: Vincent cuisinier de campagne).* *F6–7*

INSIDER-TIPP
Süffeln auf dem Weinberg

SCHÖNER SCHLAFEN IN DER TOURAINE

IN DIE BÄUME!

Das *Manoir du Parc* ist ein schickes Gästehaus mit Wellnessbereich im Zentrum von Amboise für Erholung in einer kinderfreien Zone. Der absolute Clou sind die vier Holzhütten auf Stelzen im Park mit Sprudelbad, Terrasse und Blick aufs Schloss. *14 Zi., 5 Apts., 4 Hütten | 8, av. Léonard de Vinci | Tel. 02 47 30 13 96 | manoirparc.com | €€–€€€*

ANJOU & SARTHE

WILDE WASSER

Die Loire nimmt ihren Lauf in Richtung Atlantik in der Region Pays de la Loire. Hier empfängt dich Angers mit seiner Architektur in schwarzem Schiefer. Die Stadt ist das wirtschaftliche Zentrum des Anjou. Offiziell heißt das Département um Angers herum seit 1790 Maine-et-Loire, aber das kümmert die Angevins wenig.

Zum großen Strom wird die Loire südwestlich von Angers im kleinen Bouchemaine. Die Maine, mit 10 km Länge der kürzeste Fluss Frankreichs, nimmt Loir, Sarthe und Mayenne nördlich von Angers auf, be-

In der Abenddämmerung nochmal so schön: Saumur mit seinem Schloss über dem Fluss

vor sie sich mit der Loire vereint. Im kleinen, aber feinen Saumur triffst du auf Gebäude aus weißem Tuffstein.
Dazwischen erwarten dich die Weinbaugebiete von Layon und die Kalksteinhöhlen, in denen z.B. Pilze gezüchtet werden. Schau dir Fontevraud an, eins der wichtigsten Klöster Frankreichs, und das Château de Brézé mit seiner unterirdischen Festungsanlage. Nordöstlich von Angers an den Ufern des Loir und der Sarthe ist das Leben ruhiger und beschaulicher als am großen Strom.

ANJOU & SARTHE

MARCO POLO HIGHLIGHTS

★ WANDTEPPICHZYKLUS DER APOKALYPSE
Das Ende der Welt – gebannt auf einen Teppich ➤ S. 103

★ MUSÉE JEAN-LURÇAT
Zeitgenössische Teppichkunst ➤ S. 105

★ CADRE NOIR DE SAUMUR
Die Wiege der französischen Reitkunst ➤ S. 96

★ MUSÉE DES BEAUX-ARTS
Moderne Architektur für die Kunst in einem alten gotischen Herrensitz in Angers ➤ S. 104

★ FONTEVRAUD L'ABBAYE
2020 hat der größte Klosterkomplex des Abendlands sein eigenes Museum für Moderne Kunst bekommen. ➤ S. 99

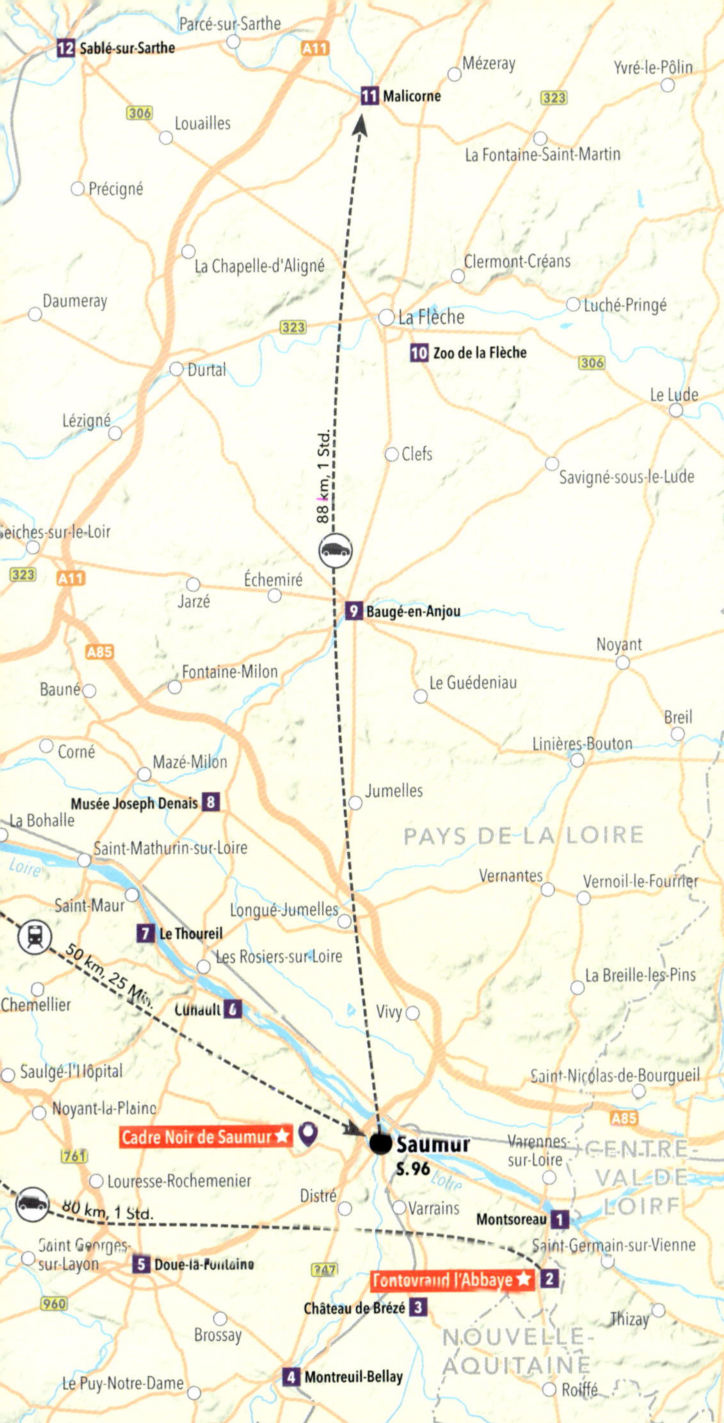

12 Sablé-sur-Sarthe
Parcé-sur-Sarthe
A11
11 Malicorne
Mézeray
Yvré-le-Pôlin
306
Louailles
323
La Fontaine-Saint-Martin
Précigné
La Chapelle-d'Aligné
Clermont-Créans
Daumeray
Luché-Pringé
323
La Flèche
10 Zoo de la Flèche
306
Durtal
Le Lude
Lézigné
88 km, 1 Std.
Clefs
Savigné-sous-le-Lude
Seiches-sur-le-Loir
323
A11
Échemiré
Jarzé
9 Baugé-en-Anjou
A85
Noyant
Fontaine-Milon
Bauné
Le Guédeniau
Breil
Corné
Linières-Bouton
Mazé-Milon
Musée Joseph Denais 8
Jumelles
La Bohalle
PAYS DE LA LOIRE
Saint-Mathurin-sur-Loire
Loire
Vernantes
Vernoil-le-Fourrier
Saint-Maur
Longué-Jumelles
7 Le Thoureil
50 km, 25 Min.
Les Rosiers-sur-Loire
La Breille-les-Pins
Chemellier
Cunault 6
Vivy
Saulgé-l'Hôpital
Saint-Nicolas-de-Bourgueil
Noyant-la-Plaine
A85
Cadre Noir de Saumur
Saumur
S. 96
Varennes-sur-Loire
CENTRE-VAL-DE-LOIRE
761
Loire
Louresse-Rochemenier
Distré
Varrains
80 km, 1 Std.
Montsoreau 1
Saint-Georges-sur-Layon
5 Doue-la-Fontaine
Saint-Germain-sur-Vienne
347
Fontevraud l'Abbaye 2
960
Château de Brézé 3
Thizay
Brossay
NOUVELLE-AQUITAINE
4 Montreuil-Bellay
Le Puy-Notre-Dame
Roiffé

SAUMUR

(📖 E7) **Sein Anblick bei Nacht wird dir den Atem rauben: Wie aus einem Märchen wirkt das Schloss von Saumur mit seinen vier gewaltigen Türmen hoch über der Stadt und der Loire.**

Saumur (26 000 Ew.), Zentrum der französischen Dressur- und Springreiter, ist ein angenehmer Ort auch für einen längeren Aufenthalt an der Loire. Die aus Tuffstein gebaute Stadt war in der Reformationszeit protestantischer Gegenpol zum katholischen Angers und besaß sogar eine Hochschule. Heute ist Saumur nicht nur wichtiger Produktionsort für Rosenkränze und Medaillen, sondern auch Handelszentrum für Schaumwein, der in den Höhlenkellern der Region als preiswerte Konkurrenz zu Champagner hergestellt wird.

SIGHTSEEING

CADRE NOIR DE SAUMUR ★

Für Pferdeliebhaber ist Saumurs Reitschule ein Muss. Die Liste der Medaillen der 45 festangestellten *ecuyers*, den Reitlehrern in schwarzer Uniform, ist lang. An ihrer Spitze seit 2021 Olympiasieger Thibaut Vallette. Der *Cadre Noir* ist kein Gestüt, sondern eine breit angelegte Reituniversität mit einer Eliteabteilung, auf der die Studenten lernen, worauf es bei Dressur, Springreiten und Military-Wettbewerben ankommt. 2011 ist die französische Reittradition von der Unesco

Pferderücken statt Hörsaalbank drücken: Der Cadre Noir in Saumur ist eine Reituniversität

zum immateriellen Welterbe erklärt worden. Das Besichtigungsprogramm erlaubt einen Blick hinter die Kulissen des weltweit einzigartigen Reitzentrums. *Feb.–Anfang Nov. klassische Führung 8 Euro, beim Training, Les Matinales, zuschauen 19, mit Führung 24 Euro, Galavorstellungen ab 35 Euro | av. de l'École nationale d'équitation | St-Hilaire-St-Florent | Tel. 02 41 53 50 60 | cadrenoir.fr*

CHÂTEAU DE SAUMUR

Das Schloss, das Louis IX im 13. Jh. auf dem Hügel über der Stadt bauen ließ, wurde in den vergangenen 20 Jahren aufwendig restauriert. Von der Schlossterrasse hast du einen herrlichen Blick auf Stadt und Tal. Wenn dir nicht nach einer Besichtigung ist, kannst du das Schloss auch einfach nur von außen auf dich wirken lassen: An der *rue des moulins*, gleich neben dem Restaurant Le Terrier du Château, stehen ein paar Picknicktische auf einer Wiese, von denen aus du den perfekten Blick auf die alten Gemäuer hast. *Hochsommer tgl. 10–19, April–Juni, Sept. Di–So 10–18, Feb./März, Okt.–Dez. Di–So 10–13 u. 14–17.30 Uhr | Eintritt 8 Euro | chateau-saumur.fr*

INSIDER-TIPP
Picknick draußen vor dem Tor

MUSÉE DU CHAMPIGNON

Geh auf eine Entdeckungsreise durch die Welt der Pilze in den Höhlen am Loire-Ufer. Jährlich werden 10 t Pilze geerntet, von denen es hier 250 Sorten gibt. Unbedingt warme Kleidung mitnehmen! *Feb.–Mitte Nov. tgl. 10–18 bzw. 19 Uhr | Eintritt 9, Kinder ab 6 Jahren 7, Kombiticket mit dem benachbarten Museum Pierre et Lumières (pierre-et-lumiere.com) mit Nachbauten von Städten und historischen Gebäuden im Tuffsteinfelsen oder den Jardins du Puygirault (jardins-du-puygirault.com) 15, Kinder 12 Euro | Route de Gennes | St-Hilaire-St-Florent | musee-du-champignon.com | 1½ Std.*

ESSEN & TRINKEN

BISTROT DE LA PLACE

Einheimische sind Stammgäste im Bistrot de la Place, dessen Küchenteam aus frischen Zutaten feine Menüs zaubert. Die Weinkarte wurde 2022 von Terre de vins als die beste in der Kategorie Bistrot ausgezeichnet. *So geschl. | 16, place St-Pierre | Tel. 02 41 51 13 27 | bistrotdelaplace-saumur.com | €€*

MASAMA

Der Kolumbianer Marlon Medina und seine Frau Maria haben die Pandemie genutzt, um das Konzept für ihr eigenes Restaurant auszuarbeiten: Mit lokalen Produkten werden hier nun lateinamerikanische Kindheitserinnerungen zum Leben erweckt. *So- u. Di-Abend, Mo geschl. | 5, place de la Bilange | Tel. 02 53 93 95 82 | masama.fr | €€*

SHOPPEN

Sekt ist die besondere Spezialität in Saumur und ein gutes Mitbringsel für zu Hause. Die großen Kellereien öffnen ihre Häuser für Besichtigungen: Die *Caves Bouvet-Ladubay (Eintritt 6 Euro | 11, rue Ackerman | St-Hilaire-St-Florent | bouvet-ladubay.fr)* ma-

Perfekt zum Wandeln, Beten & Meditieren: der Kreuzgang des Klosters von Fontevraud

chen aus der Führung durch die Keller mit Skulpturen von Philippe Cormand ein Licht-und-Ton-Spektakel. Führungen auf Deutsch gibt es auch, sie müssen allerdings vorab reserviert werden. Originell ist die geführte Tour auf alten Fahrrädern durch die kilometerlangen Galerien *(nur nach Reservierung, Gruppen von max. 8 Pers. | 90 Min. | 9 Euro).* Auf zeitgenössische Kunst und eine multimediale Besichtigung durch die 7 km im Tuffsteinkeller setzt die 1811 von Jean-Baptiste Ackerman gegründete Sektkellerei *(tgl. 9.30/10–12.30, 14/14.30–18.30/19, im Hochsommer durchgängig 9.30–19 Uhr | Eintritt 5, mit Tablet 6 Euro | Caves Ackerman | 19, rue Léopold Palustre | St-Hilaire-St-Florent | Tel. 02 41 53 03 21 | ackerman.fr),* die selbst aus der seltenen Traube *Pineau d'Aunis* mit ihrem Pfeffergeschmack ein prickelndes Getränk macht.

RUND UM SAUMUR

1 MONTSOREAU

15 km/1 Std. von Saumur über die „Loire à Vélo" flussaufwärts (Fahrrad)

Der französische Schriftsteller Alexandre Dumas verewigte das am Zusammenfluss der Loire und Vienne gelegene Schloss aus dem 15. Jh. in seinem Roman „Die Dame von Montsoreau". Philippe Méaille präsentiert im renovierten Schloss seine Sammlung mit Werken der Ende der 1960er-Jahre gegründeten englischen Konzeptkunstgruppe *Art & Language (tgl. Okt.–März 12–18, April–Sept. 10– 18 bzw. 19 Uhr | Eintritt 10,70 Euro | chateau-montsoreau.com | 2 Std.).*

Montsoreau ist außerdem Sitz des *Parc naturel régional Loire-Anjou-Touraine*. Im Dokumentationszentrum *Maison du Parc (Mai/Juni tgl. 9.30–13, 14–18, So ab 10, Juli/Aug. tgl. 9.30–18, April, Sept. Di–So 9.30–13, 14–18, So ab 10, Feb. März, Okt. Mi u. Sa/So 10–13, 14–18, während der örtlichen Herbstferien Di–So 10–13, 14–17 Uhr | 15, av. de la Loire | parc-loire-anjou-touraine.fr)* werden im Sommer Wechselausstellungen veranstaltet, und du bekommst dort detaillierte Wanderkarten. *E7*

2 FONTEVRAUD L'ABBAYE ★

15 km/20 min von Saumur (Auto)

Eine der größten und schönsten Klosteranlagen Europas. Vom 11. Jh. bis 1792 von 36 Äbtissinnen geleitet, nach der Revolution bis 1963 Gefängnis und seit 1975 ein aufwendig saniertes Kulturzentrum mit Konzerten, Seminaren und seit 2021 mit einem eigenen *Museum für Moderne Kunst*. Die alte Abtei – mit ihrem ausgeklügelten, nachhaltigen Heiz- und Beleuchtungssystem ein Modell für Umweltschutz und erneuerbare Energien im Loire-Tal – beherbergt ein *Designhotel* sowie ein *Gourmetrestaurant (Tel. 02 46 46 10 10 | €€€)*, in dem Thibaut Ruggeri tolle Gerichte zaubert. Zum Essen wird wie im 12. Jh. das Wasser aus der eigenen Quelle serviert, das in der Abtei aufbereitet und abgefüllt wird. Natürlich in Glasflaschen.

In der Abteikirche aus dem 13. Jh. ruhen die Plantagenet-Herrscher Henri II, Aliénor von Aquitanien, Richard Löwenherz und Isabelle von Angoulême. Einzigartig sind die achteckige romanische Küche und die Gartenanlagen. *Im Sommer tgl. 10–19, Winter Mi–Mo, während der örtlichen Schulferien tgl. 10–18 bzw. 19 Uhr | Eintritt 12, Museum für Moderne Kunst 6, Kombiticket 15 Euro | fontevraud.fr | 3 Std.*

INSIDER-TIPP
Spieglein, Spieglein an der Wand ...

Auf dem einstigen Bauernhof der Abtei, 4 km südlich Richtung Candes, produziert die Familie Dauge Naturseife und Kosmetikartikel, die sich perfekt als nützliche Mitbringsel eignen *(Mo–Sa 9–12, 14–18 Uhr | martin-de-candre.com)*. *E7*

3 CHÂTEAU DE BRÉZÉ

12 km/15 Min. von Saumur (Auto)

Dieses Schloss ist eine der großen Überraschungen im Loire-Tal. Seit 2000 sind hier die unterirdischen

Gänge und Siedlungen mit Ställen, Küchen und Vorratskeller, über Jahrhunderte unzugänglich oder verschüttet, freigelegt und zur Besichtigung geöffnet. Das troglodytische Schloss, vermutlich im 9. Jh. in Höhlen angelegt, über die im 15. Jh. das oberirdische Schloss gebaut wurde, ist von Europas tiefsten Gräben geschützt und gehört seit Generationen den Familien de Brézé und de Colbert. Am Ende der Besichtigung besteht die Möglichkeit zur Weinprobe. *Tgl. Feb./März, Okt.–Dez. 9.30–18, April–Juni, Sept. 9.30–18.30, Juli/Aug. 9.30–19 Uhr | Eintritt 12,10 Euro | chateaudebreze.com | ⏱ 2 Std. | 🕮 E7*

4 MONTREUIL-BELLAY

18 km/20 Min. von Saumur (Auto)

Seit 200 Jahren ist das Schloss im Familienbesitz, Marie-Guilhem und Jean-François de Valbray kümmern sich mit Leidenschaft um das Erbe der Vorfahren. Die Festungsanlage mit herrlichem Blick auf das Thouet-Tal entstand auf den Grundmauern eines Klosters aus dem frühen 11. Jh., das im 15. Jh. ausgebaut wurde, und wird laufend mit viel Liebe zu Details renoviert. *April–Anfang Nov. Mi–Mo 10–12, 14–17 bzw. 18, im Herbst u. Winter teils nur nachmittags, Juli/Aug. tgl. 10–13, 14–18.30 Uhr | Eintritt 11 Euro | chateau-de-montreuil-bellay.fr*

Zwei Gehminuten vom Schloss entfernt bekommst du in der *Grange à Dîme (Winter Mo–Fr-Mittag geschl. | rue du Château | Tel. 02 41 50 97 24 | lagrangeadime.com | €€)* in historischem Ambiente regionale Spezialitäten wie *fouées*, Champignons und *rillettes* serviert. *🕮 E7*

5 DOUÉ-LA-FONTAINE

19 km/20 Min. von Saumur (Auto)

Auf den ersten Blick eine banale Kleinstadt (11 000 Ew.), die aber mit ihren Höhlen (Troglodyten) etliche Überraschungen bereit hält. Hauptattraktion ist der *Bioparc (tgl. Anfang Feb.–Mitte Nov. 9 bzw. 10–17.30 bzw. 19, im Hochsommer 9–19.30, in den Weihnachtsferien 11–16 Uhr | Eintritt 24,90, Kinder 3–10 Jahre 19,10 Euro | 103, rue de Cholet | bioparc-zoo.fr)*, der nicht nur für die eigenen Tiere sorgt, sondern sich auch auf fast allen Kontinenten für den Tierschutz einsetzt. Giraffe, Geier, Nashorn, Pinguin, Löwe, Roter Panda, Flamingo, Tiger: Alle leben im wunderschön angelegten Muschelkalkgelände mit Grotten, Gräben und Wasserbecken.

Sehenswert sind außerdem die alten *Steinbrüche (Anfang Feb.–Mitte Nov. Di–So 10–12.30, 14–18, Hochsommer tgl. 10–19 Uhr | Eintritt 7 Euro | Site des Perrières | 7, rue d'Anjou | les-perrieres.com)*, in denen die Multimediaschau *Les Mystères des Faluns* installiert ist, eine faszinierende Reise durch die geologische Geschichte dieser Höhlenregion. Oder der 1989 entdeckte *Sarkophagensteinbruch (im Hochsommer tgl. 10–12.30, 14–18.30 Uhr, ansonsten Besichtigung nur im Rahmen einer Führung möglich | Eintritt 5,70 Euro | 1, rue Croix Mordret | troglo-sarcophages.fr)* aus der Merowingerzeit. Das ganze Jahr über bleibt die Temperatur im Bauch der Erde stabil bei 12 Grad (Pullover mitnehmen!). *🕮 D7*

6 CUNAULT

13 km/20 Min. von Saumur (Auto)

Die Klosterkirche, Wallfahrtsort für Tausende Pilger, birgt ein reiches Inneres. 223 in Stein gehauene Kapitelle und Wandmalereien machen sie zu einem Meisterwerk romanischer Baukunst. Sie liegt direkt am großen Loire-Damm, den Plantagenet-König Henri II im 12. Jh. zwischen Angers und Saumur aufwerfen ließ *(tgl. 9–18 bzw. 19 Uhr | Eintritt frei)*. Im Sommer ist die Abteikirche Schauplatz für Konzerte. Klassische bis zeitgenössische Musik erklingt hier jährlich beim Festival *Les Heures Musicales de Cunault* *(lesheuresmusicalesdecunault.fr)*. D6

INSIDER-TIPP
Summer of music

A table! Der Speisesaal von Montreuil-Bellay wirkt, als sei die Familie nur kurz Hände waschen

7 LE THOUREIL

22 km/2 Std. von Saumur über die „Loire à Vélo" flussabwärts (Fahrrad)

In dem einst von Niederländern bewohnten Dorf am Ufer der Loire hat Alain Gillot seine traditionellen Holzboote verankert, auf denen der Naturführer verschiedene *Ausflüge (ab 20 Euro | 17, quai des mariniers | Tel. 06 50 97 26 78 | revesdeloire.fr)* auf dem Fluss anbietet.

Auf der Terrasse des Restaurants *La Route du Sel (Di–So mittags, Mi–Sa auch abends | 55, quai Mariniers | Tel. 02 42 45 75 31 | authoureil.fr | €€)* in einem 1851 gebauten Tuffsteinhaus lässt es sich nach dem Essen mit Blick auf die Loire herrlich entspannen. D6

ANGERS

(□ D6) **Über 2000 Jahre alt ist diese Stadt, aber dabei quicklebendig: Angers (156 000 Ew.), von Kelten gegründet, im Mittelalter Zentrum des angevinischen Reichs unter Führung der Plantagenets und im 16. Jh. unter König René als „Athen des Westens" berühmt, ist seit langem Handelszentrum für Weine und Landwirtschaftsprodukte des Anjou.** Es gibt zwei Universitäten mit über 40 000 Studenten sowie Tausende von Arbeitsplätzen in der Informations- und Biotechnologie. Angers gehört wie Tours und Orléans zu den Städten, die die höchste Lebensqualität in ganz Frankreich bieten. Das Straßenbahnnetz wird derzeit von einer auf drei Linien A, B, und C ausgebaut. Der *City-Pass (17 Euro/24 Std., 26 Euro/48 Std., 36 Euro/72 Std.)* bietet freien Eintritt in praktisch alle Museen der Stadt, ein Tagesticket für den Nahverkehr und reduzierte Preise in Park-

WOHIN ZUERST?

Place du Ralliement: Die zentrale Anlaufstelle direkt im Herzen von Angers ist die komplett als Fußgängerzone inklusive Straßenbahnhaltestelle gestaltete Place du Ralliement. Dort gibt es auch ein großes Parkhaus, in dem du deinen Wagen abstellen kannst. Von hier aus sind alle Sehenswürdigkeiten bequem zu Fuß zu erreichen.

häusern und im Shop des Fremdenverkehrsamts. Ganz einfach online buchen auf *reservation.destination-angers.com*

SIGHTSEEING

ALTSTADT

Ein Spaziergang von der alten *Festungsanlage* zur belebten *Place du Ralliement* macht deutlich, warum Angers früher als „schwarze Stadt" bezeichnet wurde: Schiefer und Holz in engen Gassen geben nur wenig Licht. Das schönste Fachwerkhaus von Angers ist die *Maison d'Adam* an der Place Ste-Croix mit reichen Holzschnitzereien wie dem grotesken *tricouillard* (Darstellung eines Mannes mit drei Hoden) und einem Kunsthandwerkerzentrum *(maison-artisans.com)* im Erdgeschoss. Die *Rue St-Aubin* führt zum Glockenturm von *St-Aubin* aus dem 12. Jh., dem Rest einer der ältesten Abteien an der Loire. Klassischer Treffpunkt der Stadt mit dem Theaterbau aus dem 19. Jh., vielen Cafés und Restaurants ist die *Place du Ralliement.*

CHÂTEAU

17 aus dunklem Schiefer und hellem Sandstein geschichtete, bis zu 40 m hohe Rundtürme schützen die fünfeckige Festungsanlage hoch über der Maine. Louis IX ließ sie im 13. Jh. zu einer der bedeutendsten Burgen Europas ausbauen. Innerhalb der Gräben sind die seit dem Zweiten Weltkrieg restaurierten Gebäude wie das *Châtelet*, der *Logis Royal* und die *Grande Chapelle* zu besichtigen. Größte Attraktion aber ist der berühmte ★ *Wandteppichzyklus der Apokalypse*, den Louis I 1380 anfertigen ließ. Diese Tapisserie, ursprünglich mehr als 140 m lang und 6 m hoch, von der heute noch ca. 100 m erhalten sind, zeigt in sechs Bildern mit ehemals 84 Szenen die Offenbarung des hl. Johannes mit unendlich reichen Hinweisen auf den Alltag und die Ängste in der Zeit des Hundertjährigen Kriegs. Nimm dir viel Zeit und Infomaterial (auch auf Deutsch) für den Gang durch den Ausstellungssaal in der südlichen Wallmauer. *Mai–Aug. tgl. 10–18.30, Sept.–April 10–17.30 Uhr | Eintritt 9,50 Euro, Nov.–März 1. Sonntag im Monat Eintritt frei | 2, promenade du Bout du Monde | chateau-angers.fr | ⏱ 3 Std.*

GALERIE DAVID D'ANGERS

Der Bildhauer Pierre-Jean David (1788–1856) hat seine z. T. monumentalen Skulpturen der Heimatstadt

Lass doch den Teppich erzählen – von der faszinierenden Tierwelt der Apokalypse

Historisches Schwergewicht: Hinter Angers' Mauern konzentrierte sich große Macht

vermacht. In der Ruine der ehemaligen *Klosterkirche Toussaint* werden unterm Dach aus Stahl und Glas Hunderte Werke präsentiert, darunter Büsten von Honoré de Balzac, Victor Hugo und Johann Wolfgang von Goethe. *Di–So 10–18 Uhr | Eintritt 4 Euro, unter 26 Jahren frei | 33 bis, rue Toussaint | musees.angers.fr | 1½ Std.*

MUSÉE DES BEAUX-ARTS ★

Die 27 Mio. Euro teure Renovierung und der Umbau des *Logis Barrault*, eines gotischen Herrensitzes aus dem 15. Jh., haben sich gelohnt. Angers hat ein Kunstmuseum, das Schätze wie Werke von Jean Auguste Dominique Ingres, Guillaume Bodinier und Claude Monet birgt, sich mit einem neuen Saal aber auch resolut zeitgenössischer Kunst öffnet. Fürs leibliche Wohl wird im *Café 1801* im selben Gebäude gesorgt. *Di–So 10–18 Uhr | Eintritt 6 Euro | 14, rue du Musée | musees.angers.fr | 2 Std.*

KATHEDRALE ST-MAURICE

Im Kirchenschiff aus dem 12. Jh. sind erste Ansätze der angevinischen Kreuzrippengewölbe zu sehen. Außerdem gibt es Glasmalereien wie das „Jüngste Gericht" (15. Jh.) und einen Hochaltar unter einem Baldachin aus dem 18. Jh. *Tgl. 8–20 Uhr | Place Monseigneur Chappoulie | cathedrale-angers.fr*

COLLÉGIALE ST-MARTIN

Die älteste Kirche von Angers, im 5. Jh. auf gallorömischen Fundamenten gebaut und nach der Revolution 1789 als Holz- oder Tabaklager missbraucht, hat sich was einfallen lassen, um ihre

Geschichte lebendig zu halten: Murder-Partys heißen die bei den Einheimischen beliebten Rollenspiele mit Theatereinlagen, bei denen du die Geschichte des Orts am eigenen Leib erleben kannst. Achtung, nur wenige Termine pro Jahr, Plätze sind schnell ausgebucht; Anmeldung als Gruppe *(3–5 Pers. | 20 Euro/Person)*. Das ganze Jahr über kannst du die Führung *Le secret de l'abbé Frémond (ca. 2–8 Pers., 6 Euro/Person)* buchen, bei der es ebenfalls ein Rätsel zu lösen gilt. Außerdem regelmäßig Konzerte von Klassik bis Elektro, Performances und Kunstausstellungen. *Di–So, Mai–Jan. 13–19, Feb.–April 14–18 Uhr | Eintritt 4 Euro | 23, rue St-Martin | collegiale-saint-martin.fr*

LA DOUTRE

Ruhiger Stadtteil am rechten Ufer der Maine, früher das Klosterviertel mit dem ehemaligen *Frauenkloster von Ronceray* (nur für Sonderausstellungen mit zeitgenössischer Kunst geöffnet) aus dem 11. Jh., der *Eglise de la Trinité* aus dem 12. Jh. und der *Place du Tertre-Saint-Laurent* mit den Fachwerkbauten der Speicherhallen des ehemaligen Krankenhauses Saint-Jean aus dem 12. Jh. In diesem Jahrhundert kam das Kulturzentrum *Le Quai* mit Panoramarestaurant *(lareserveangers.fr | €€)* hinzu. Einen super Blick aufs Schloss hast du auch unten vom Hafen aus.

MUSÉE JEAN-LURÇAT ★

Der älteste Hospitalbau in Frankreich, um 1175 im Auftrag von Henri II Plantagenet errichtet, beherbergt eine Krankenhausapotheke aus dem 17. Jh. und das Museum für zeitgenössische Teppichkunst. Jean Lurçat hat von 1957 bis zu seinem Tod 1966 die mittelalterliche „Tenture de l'Apocalypse" im Schloss von Angers als Ausgangspunkt für seinen eigenen, 80 m langen Teppichzyklus *Le Chant du Monde* (Weltgesang) genommen. *Di–So 10–18 Uhr | Eintritt 6 Euro | 4, bd. Arago | musees.angers.fr*

TERRA BOTANICA

Die Region setzt alles auf Grün: Hier werden die meisten Äpfel, Gurken, Heil- und Topfpflanzen oder Radieschen in Frankreich produziert, hier sitzen die Unternehmen, die mit Biotechnologie arbeiten.

Der rund 11 ha große Park *Terra Botanica* ist quasi das Schaufenster für die Grün-Offensive der Region mit seinen Themengärten, Hightech-Präsentationen, interaktiven Spielflächen, 3-D-Spektakeln oder einfach einer Rundfahrt in einer Nussschale hoch über den Baumwipfeln. *April, Juli/Aug. tgl. 10–18 bzw. 19 Uhr, im Hochsommer Licht-und-Ton-Spektakel nach Einbruch der Dunkelheit, Mai/Juni tgl. 10–17 bzw. 18, teils Mi geschl., Sept. teils nur von Do–So, Okt./Nov. nur Sa/So bzw. tgl. während der lokalen Schulferien | Eintritt 21,50, Kinder 15,50 Euro, mit Ton-und-Licht-Show (günstiger bei Frühbuchung übers Internet) 34,50, Kinder 25,50 Euro | Route de Cantenay-Epinard, 4 km nördlich vom Stadtzentrum | terrabotanica.fr*

Auf dem Markt in Angers gibt es zum Biogemüse ein charmantes Lächeln

ESPACE AIR PASSION

Am Flughafen von Angers-Marcé präsentiert ein Verein über 50 Kleinflugzeuge wie Doppeldecker, Segler und Versuchsmaschinen, die zwischen den Jahren 1907 und 1970 gebaut wurden. Originell: Das Museum ist gleichzeitig Werkstatt für die Restaurierung alter Flugzeuge. *Mitte April–Mitte Okt. Di–So 14–18, Juli/Aug. 10–18 Uhr, Winter Sa/So und während der lokalen Schulferien tgl. 14–18 Uhr | Eintritt 7, Kinder ab 7 Jahren 4 Euro | musee-aviation-angers.fr*

ESSEN & TRINKEN

Die meisten Restaurants findest du rund um die *Place du Ralliement* und in der *Rue St-Laud*.

RESTE AU 51

Aufgepasst, Wortspiel: Im Restaurant, kurz Restau auf Französisch, sollst du dich wohlfühlen und bleiben: „Reste Au 51" liest sich nämlich als „Bleib bei Hausnummer 51", klingt aber gleichzeitig wie „Restau 51". Wer bleibt, bekommt von Sandrine und ihrem Mann Ceydric moderne französische Küche aufgetischt. *So/Mo geschl. | 51, rue Plantagenêts | Tel. 02 41 43 19 13 | reste-au-51-restaurant-angers.com | €€*

LE BREWPUB & MAUVAISE GRAINE

Die Gastronomin Mona Chaillou und der Braumeister Florian Gohon haben sich zusammengetan: Sie serviert ihr veganes Streetfood, er sein selbst gebrautes Bier. *Nur abends, Sa auch mittags, So/Mo geschl. | 27, rue Beaurepaire | Tel. 09 74 97 06 87 | mauvaisegraineangers.fr | €*

RESTAURANT VF

Sternekoch Pascal Favre d'Anne hat in Angers das „VF"-Konzept der Bioversion von amerikanischem Fast Food erfunden: „very fraîche" und „very français", also sehr frisch und sehr französisch. Im Erdgeschoss seines Gourmetrestaurants serviert sein Team Menüs aus regionalen und Bioprodukten. *Tgl. | 21, bd. Foch | Tel. 02 41 42 91 29 | Facebook: Version Française Angers | €€*

SHOPPEN

Von Dienstag- bis Sonntagvormittag finden wechselnde Wochenmärkte *(angers.fr/vivre-a-angers/marches)* über die

Stadt verteilt statt. Samstags lohnt sich der Markt rund um den früheren zentralen Platz, die *Place Imbach*. Hier findest du von frischem Gemüse über Trödel bis zu hin zu Bioprodukten und Blumen nahezu alles. Antiquitätenhändler gibt's in der *Rue Toussaint*.

MAISON DU QUERNON D'ARDOISE

Hier gibt es die gleichnamige leckere, typische Schokoladenspezialität im Schieferdesign von Angers, den *quernon d'Ardoise* – ein schönes Mitbringsel. *22, rue des Lices | quernon.fr*

FRIP YOUR MIND

INSIDER-TIPP **Kleider von gestern**

Es soll doch eher eine hippe Klamotte sein? Dann schau am besten hier vorbei: Mit Mitte Zwanzig hat Céline Jules ihren Secondhandshop eröffnet, in dem sie auf Qualität statt Masse setzt. *37 rue du cornet | Instagram: frip_your_mind*

SAVEURS DU PRIMEUR

Wenn du dich lieber mit etwas Herzhaftem an deinen Urlaub erinnern möchtest: Die typischen *rillauds* aus Schweinefleisch bekommst du in diesem Feinkostgeschäft, das voll von weiteren Leckereien aus der Region ist. *Di–Sa | 6, place Hérault | saveurs duprimeur-angers.com*

SPORT & SPASS

LAC DE MAINE

Mit diesem großen künstlichen See im 2 km² großen Park an der Maine hat Angers ein Freizeitzentrum, das kaum noch Wünsche offen lässt. Surfen, Kanufahren, Tennis, Angeln, Volley- und Fußballfelder, überwachter Badestrand und Kinderspielplätze – und alles ist per Auto oder Bus in nur 5 Minuten vom Stadtzentrum aus zu erreichen. *lacdemaine.fr*

AUSGEHEN & FEIERN

Angers ist eine Studentenstadt. Dementsprechend breit gefächert und angesagt ist das Angebot an Bars, Diskotheken und Konzertsälen.

LE BOLÉRO

Eine der ältesten Diskotheken der Stadt. *So/Mo geschl. So/Mo | 38, rue St-Laud*

LA CHAPELLE

INSIDER-TIPP **Segensreich feiern**

Partynächte statt Gottesdienst: In dieser Diskothek kannst du in einer ehemaligen Kirche bis zum frühen Morgen tanzen. Ein Club für eine Klientel 25 plus. *Do–Sa | 9, rue Cordelle | Facebook: LA CHAPELLE*

RUND UM ANGERS

8 MUSÉE JOSEPH DENAIS

30 km/35 Min. von Angers (Auto)

In dem Museum in Beaufort-en-Vallée gibt es fast nichts, was es nicht gibt. Der Journalist Joseph Denais hat seiner Heimatstadt seine kompletten Sammlungen vermacht, die vom kleinen Flakon mit Honig von

Ruhe im Garten von Solesmes. Wer mehr fürs Ohr braucht, lauscht gregorianischen Gesängen

der Insel St. Helena aus dem Grab von Napoleon über Porzellan aus der Manufaktur von Sèvres, italienischer Malerei aus dem 19. Jh. bis zu einer Bronzearbeit von Camille Claudel tausend Überraschungen bieten. Hier ein Stück Trockenbrot aus dem Ersten Weltkrieg, dort eine Pistole aus der Türkei, hier ein Sarkophag aus dem alten Ägypten, dort ein ausgestopfter Maulwurf: Kinder haben keine Hemmungen, die Schubladen aufzuziehen, die nach dem Umbau des ehemaligen Bankgebäudes weitere Kostbarkeiten bergen. Dazu Ausstellungen mit zeitgenössischer Kunst. *Anfang April–Anfang Nov. Mi–So 14.30–18, Juli/Aug. zusätzlich 10.30–12.30 Uhr | Eintritt 6 Euro, für Kinder und Jugendliche bis 18 Jahren gratis | Place Notre-Dame | short.travel/loi17 | 2 Std. | E6*

9 BAUGÉ-EN-ANJOU

40 km/45 Min. von Angers (Auto)

Die Stadt (12 000 Ew.), die in den letzten Jahren durch den Zusammenschluss von 15 Gemeinden ihre Einwohnerzahl mehr als verdreifacht hat, lebt von ihrer Geschichte und der architektonischen Kuriosität der *clochers tors*, der verdrehten Kirchtürme. Der markanteste der insgesamt fünf verdrehten Kirchtürme ist in *Le Vieil-Baugé* zu sehen.

Sehenswert sind das *Schloss* aus dem 15. Jh. und die *Apotheke* aus dem 17. Jh. im Krankenhaus *L'Hôtel Dieu* nebenan, die mit ihrer kostbaren Holzeinrichtung und ihren Keramiktöpfen zu den schönsten Beispielen des Genres in Frankreich zählt *(beide während der örtlichen Ferien im Feb. Mi–So 14-18, sonst tgl. Mitte April–Mitte Juni, Mitte Sept.–Anfang Nov. 14–18, Mitte Juni–Mitte Sept. 10–12.30 u. 13.30–18 Uhr | Einzeltickets je 9 , Kombiticket 15 Euro | place de l'Europe | chateau-bauge.fr).* Im *Hospice de la Girouardière (Mi–Mo 14.30–16.30 Uhr | Eintritt frei | rue de la Girouardière | congregation-girouardiere.fr)* hüten die Schwestern das Anjou-Kreuz aus der Zeit der Kreuzzüge, das Modell für das Freiheitskreuz mit doppeltem Querbalken von Charles de Gaulle wurde. *E5*

10 ZOO DE LA FLÈCHE

57 km/50 Min. von Angers (Auto)

Auf 14 ha können Kinder mehr als tausend Tiere live erleben: Pinguine, Papageien, Polarbären und weiße Wölfe – eine echte Abwechslung zum Schlössergucken. Total abgefahren: Die Übernachtung in einer *Safari-Lodge (safari-lodge.fr)* direkt in den Wildtiergehegen. Ganzjährig geöffnet. *Je nach Jahreszeit 9.30 bzw. 10–16.30 bzw. 19.30 Uhr | Eintritt 25,50, Kinder 3–11 Jahre 19,50 Euro | 5 km südöstl. von La Flèche | zoo-la-fleche.com | E5*

11 MALICORNE

64 km/50 Min. von Angers (Auto)

Der Fluss, die Kirche aus dem 11. Jh., das Schloss aus dem 17. Jh., später mit Türmchen und Mansardendach umgebaut, aber vor allem die Fayencetradition seit dem 12. Jh. lohnen einen Abstecher. Spezialität von Malicorne sind die *ajourés,* gebrannte Körbchen mit spitzenähnlichem Aufsatz, die heute noch in den *Faïenceries d'Art (18, rue Bernard Palissy | faiencerie-malicorne.com)* produziert und vertrieben werden.

In einer Manufaktur des 19. Jhs. ist ein hypermodernes *Fayencemuseum (Di–So 10–12.30, 14–18 Uhr | Eintritt 5 Euro, 1. Sonntag im Monat Eintritt frei | musee-faience.fr)* mit interaktiven Themensälen, kostbarer Steingutsammlung und einem Saal für zeitgenössische Fayence eingerichtet. *E4*

12 SABLÉ-SUR-SARTHE

63 km/50 Min. von Angers (Auto)

Das Städtchen ist ein wichtiger Hafen für Hausboote, ist es doch direkt an der Sarthe gelegen, die auf einer Länge von insgesamt 130 km befahrbar ist. Schiffe vermietet u. a. *Anjou Navigation (quai National | Tel. 02 43 95 14 42 | anjou-navigation.fr).*

Rund 3 km östlich von Sablé-sur-Sarthe steht das bereits im Jahr 1010 gegründete Benediktinerkloster *Solesmes.* Während der Französischen Revolution aufgelöst und weitgehend zerstört, wurde es im 19. Jh. hoch über der Sarthe im romanisch-gotischen Stil wieder aufgebaut. Seit 1922 leben wieder Mönche in dem Ort und sind inzwischen zu Spezialisten des gregorianischen Gesangs geworden *(Stundengebete tgl. 7.30, 10, 13, 13.50, 17 und 20.30 Uhr).* Sehenswert sind die beiden Skulpturengruppen mit Grablegungsmotiven, *Les Saints de Solesmes,* in der Kirche *St-Pierre (tgl.*

9–13.15 u. 14–18.15, So ab 9.30, Ausstellung u. Boutique tgl. 9–19 Uhr | abbayedesolesmes.fr).

Ein schönes Erbe aus dem Mittelalter beherbergt das kleine Dorf *Asnières-sur-Vègre (12 km im Nordosten)* mit dem *Manoir de la Cour (April–Juni, Sept.–Anfang Nov. Mi–So 14–18, Juli/Aug. tgl. 11–19 Uhr | Eintritt 5 Euro | lemanoirdelacour.fr)* aus dem 13. Jh. und der Kirche *St-Hilaire* mit ihren *Wandmalereien* (12.–15. Jh.), die u. a. die Flucht nach Ägypten darstellen. *D4*

13 COTEAUX DU LAYON

25 km/25 Min. von Angers (Auto)

Südlich von Angers bietet das Anbaugebiet für die süßen weißen Moelleux-Weine aus edelfaulen Chenin-Trauben zwar keine spektakulären Denkmäler, aber dafür eine liebliche Hügellandschaft mit einer Fülle von kleinen Kostbarkeiten. Dazu zählen u.a. die alte Brücke in dem blumengeschmückten Dorf *Beaulieu-sur-Layon* und die landestypische Mühle *Moulin Cavier de la Montagne* bei *Thouarcé*. Der Geschichte des Weinbaus am Layon mit den Spitzenlagen Bonnezeaux und Quarts-de-Chaume (der Name geht darauf zurück, dass die Herren im Mittelalter das beste Viertel des Weinbergs für sich beanspruchten) widmet sich das *Musée de la Vigne et du Vin d'Anjou (April–Juni Mi–Fr, So 14–18, Juli/Aug. Di–So 14–18, Sept.–Anfang Nov. So 14–18 Uhr, während der örtlichen Schulferien Mi–So | Eintritt 6 Euro | Place des Vignerons | musee-vigne-vin-anjou.fr)* in *St-Lambert-du-Lattay*. *C–D 6–7*

14 CORNICHE ANGEVINE

25 km/35 Min. von Angers (Auto)

Die kurvenreiche und landschaftlich reizvolle Panoramastraße führt dich einen Höhenrücken entlang. Von hier hast du einen Ausblick auf die Loire wie im Bilderbuch: breite Sandbänke, große Inseln und strombrechende kleine Dämme, die nur im Sommer sichtbaren *épis*.

Der Ort *Savennières* mit der Kirche aus dem 10.–12. Jh. liegt am Fuß der mittelalterlichen Weinberge, die einen der besten Weißweine Frankreichs hervorbringen: Nicolas Joly *(Château de la Roche-aux-Moines | Savennières | Besichtigung 14–17.30 Uhr nach Vereinbarung: Tel. 02 41 72 22 32 | coulee-de-serrant.com)*, der seit 1984 auf Ökowein setzt und beim Weinbau Rudolf Steiners anthroposophische Regeln befolgt, baut auf 7 ha aus Chenin-Trauben die Spitzenlage Coulée

de Serrant aus, die schon Kaiserin Joséphine und Dichter Alexandre Dumas begeistert haben.

Auf dem Weg zum Weindorf Rochefort-sur-Loire liegt das sehenswerte *Inseldorf Béhuard* mit der Marienkapelle aus dem 15. Jh., die Louis XI stiftete. Im Sommer traumhafter Park, im Winter z. T. von der Loire überschwemmt. Auch unter Wasser stehen winters die Inseln vor *Chalonnes-sur-Loire* mit einer Bergarbeiterkapelle. Hier hat die Unesco die Grenze für die Klassifizierung des Loire-Tals als Welterbe gesetzt.

Sehenswert ist einige wenige Kilometer flussabwärts *Montjean-sur-Loire*, im Sommer Hafen für Ausflüge auf dem Fluss und idealer Ausgangspunkt für Radtouren.

Sehr gute regionale Küche bietet dir die *Auberge de la Loire (2, quai des Mariniers | Tel. 02 41 39 80 20 | aubergedelaloire.com | €€).* C-D6

15 LA POSSONNIÈRE

19 km/30 Min. von Angers (Auto)

Wenn Kinder mit an Bord sind, ist natürlich ein Besuch des *Kängurugartens (April–Juni. Mi, Sa/So u. während der lokalen Schulferien tgl. 14–18 bzw. 18.30, Juli/Aug. tgl. 14–19, Sept. So. 14–18.30 Uhr | Eintritt 6,50, Kinder 3–12 Jahre 5,50 Euro | Route de Savennières | lejardindeskangourous.com)* absolute Pflicht!

INSIDER-TIPP
Hier geht's rund!

Die Erwachsenen verschlagt es wegen der guten Stimmung in der *Guinguette les Tourbillons (April, Mai, Sept. Fr. 16–1, Sa/So 11–1, Juni–Aug. Di 16–1, Mi–So 11–1 Uhr | am Hafen | Tel. 02 41 72 66 66 | guinguette-les-tourbillons.fr | €)* hierher. Fetzige Livemusik mit Blick auf die Loire, ein Käseteller, eine Flasche Rotwein. Was braucht es mehr? C6

In die hübsche Landschaft des Layon sind außer Wein auch Mühlen und kleine Dörfer getupft

ERLEBNIS TOUREN

Lust, die Besonderheiten der Region zu entdecken? Dann sind die Erlebnistouren genau das Richtige für dich! Ganz einfach wird es mit der MARCO POLO Touren-App: Die Tour über den QR-Code aufs Smartphone laden – und auch offline die perfekte Orientierung haben.

1 REISE IN DAS INNERE DER ERDE

- ➤ Spaziergänge durch Höhlendörfer
- ➤ In eine unterirdische Festung hinabsteigen
- ➤ Übernachtung in einem Tuffsteinfelsen

Saumur

Saumur

110 km

3 Tage
reine Fahrzeit 2 ½ Std.

Kosten: ca. 650 Euro für 2 Personen (Übernachtungen, Essen, Benzin, Eintritte)
Mitnehmen: gutes Schuhwerk, Pullover
Achtung: In den Tuffsteinfelsen steigt die Temperatur nie über 13 Grad.

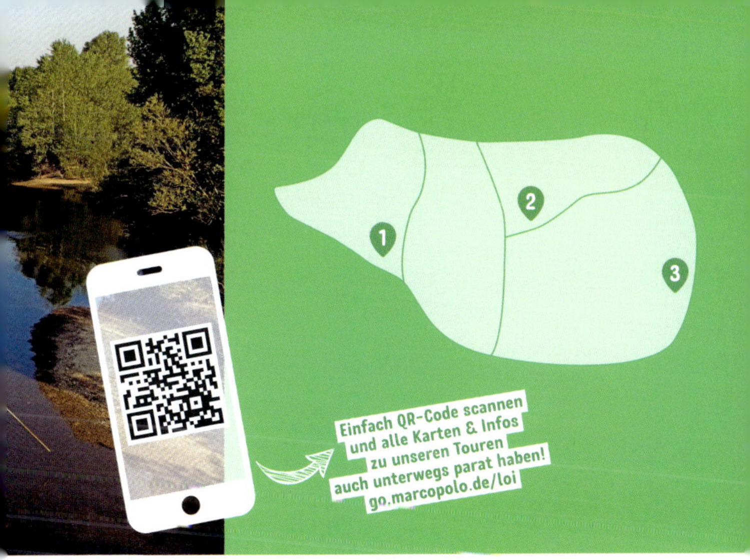

1
2
3
Einfach QR-Code scannen
und alle Karten & Infos
zu unseren Touren
auch unterwegs parat haben!
go.marcopolo.de/loi

Slowturn – mit der *Amarante* die Loire gemächlich wie vor Jahrhunderten befahren

BEI HÖHLEN- & BEI KÜCHENKÜNSTLERN

Fahr von ❶ **Saumur** ➤ S. 96 aus *auf der D 947 am linken Loire-Ufer flussaufwärts in Richtung Chinon. Es sind keine 10 km bis zum ersten Höhlendorf* ❷ **Turquant** *(turquant.fr). Stell das Auto auf dem Parkplatz am Ortseingang ab und nimm hinter der Kirche das Sträßchen unterhalb des Tuffsteinfelsens.* Hier haben sich Kunsthandwerker mit ihren Ateliers im Felsen eingerichtet und stellen gemeinsam ihre Arbeiten aus. Nimm die Stahltreppe hinauf für einen super Blick übers Flusstal und trink mittags deinen Apéritif im originellen Café **Bistroglo** *(bistroglo.com)* mit seiner einmaligen Terrasse vor dem Saal im Felsen. Zu Mittag sollten Feinschmecker unbedingt ins **Restaurant L'Helianthe** *(ruelle Antoine Cristal | Tel. 02 41 51 22 28 | restaurant-helianthe.fr | €€)* gehen, dem Höhlenhaus des Winzers Antoine Cristal. Dort wirst du verwöhnt mit Gerichten aus alten Gemüsesorten und Desserts wie die *pomme tapée* mit Gewürzbrot. *Von Turquant führt der Weg anschließend über Montsoreau nach* ❸ **Candes-St-Martin,** wo der Legende nach der hl. Martin von Tours 397 gestorben ist. Den besten Blick auf das Dorf mit seiner imposanten Stiftskirche aus dem 12./13. Jh. und dem Schloss Montsoreau bietet vom Wasser aus die **Amarante** *(Mai–Mitte Sept. tgl. und vereinzelte Termine*

TAG 1

❶ Saumur

9 km

❷ Turquant

6 km

❸ Candes-St-Martin

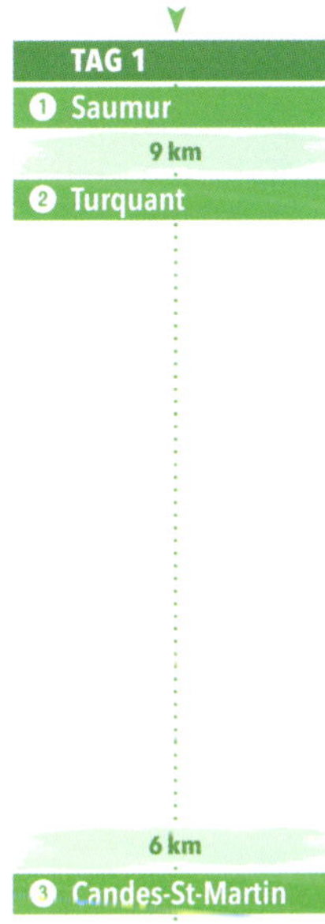

6 km

4 Abtei von Fontevraud

außerhalb der Saison kommentierte Rundfahrt 1 Std. | 14 Euro | Anlegestelle unterhalb der Kirche | Tel. 02 47 95 80 85 | bateauamarante.com), ein nachgebautes Loire-Schiff aus Holz mit flachem Boden. *Von Candes aus geht es zurück ins Anjou, die D 947 führt dich zur* **4 Abtei von Fontevraud** ➤ **S. 99.** Übernachte im ehemaligen Gefängnistrakt, den Schriftsteller Jean Genet als Häftling erlebt hat. Das **Designhotel** setzt mit einem iPad statt Zimmerschlüssel auf Hightech, in der Ibar sind die Tische Touchscreens mit allen Informationen über die Abtei. Dein Abendessen bekommst du im angeschlossenen **Gourmetrestaurant** – und was für eins!

TAG 2

11 km

5 Château de Brézé

29 km

6 Louresse-Rochemenier

EINE GANZE WELT UNTER TAGE

Schau dir am Morgen in aller Ruhe die Klosteranlage und vor allem das 2021 eröffnete Museum für Moderne Kunst an. *Zurück in den Bauch der Erde geht es dann über die D 162 ins* **5 Château de Brézé** ➤ **S. 99,** eins der erstaunlichsten Schlösser der Region, das im 17. Jh. mehr als 500 Soldaten in unterirdischen Anlagen beherbergte. Es ist zwar eng im Felsen, aber du wirst staunen, wie sich die Menschen unter der Erde organisiert haben – mit Ställen, Küchen, Gängen und Vorratskellern. *Über die D 178, die D 360, die D 761 und die D 159 fährst du anschließend via Montreuil-Bellay und Doué-la-Fontaine nach* **6 Louresse-Rochemenier.** Hier wurde schon im Jahr 1967 Pionierarbeit geleistet und ein **Höhlendorf** *(Mai–Mitte Sept. tgl. 9.30–18, sonst Di–So 10–17 Uhr, Dez./Jan. geschl. | Eintritt 8 Euro | troglodyte.fr)* mit Bauernhöfen, Kapelle, Wohnungen, Hühnerhof, Ofen und Versammlungsraum restauriert. *Keine 100 m vom Dorf entfernt* serviert man dir im Restaurant **Les Caves de la Genevraie** *(13, rue du musée | Tel. 02 41 59 34 22 | caves-genevraie.fr | €€)* eine komplette Teigtaschen-Mahlzeit mit gefüllten *fouaces.*

Die Höhlenbewohner von heute tragen Bart und trinken Milchkaffee

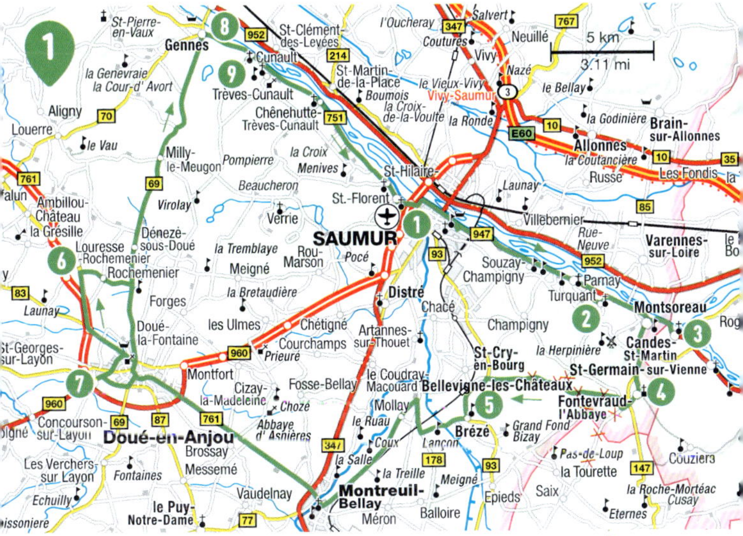

INSIDER-TIPP
Mehr als nur ein Abendessen

Vor dem Dessert steht ein Spaziergang zum unterirdischen Ofen, in dem die *fouaces* gebacken werden, auf dem Programm. *Zum Übernachten geht es in den Tuffsteinfelsen* des **Hotel Rocaminori** *(rocaminori-hotel.fr | €€€).*

Am nächsten Morgen *fährst zurück nach Doué-la-Fontaine* und verbringst den Tag im 7 **Bioparc** ➤ S. 100. Im ehemaligen Steinbruch fühlen sich Giraffen oder Flamingos ebenso wohl wie die Affen in den großzügigen Tuffstein-Gehegen. Auf dem Gelände gibt es Restaurants und Cafés. Selbstversorger können sich einen Stempel geben lassen und auf dem Picknickplatz vor dem Zoo speisen. *Über die D 69 fährst du nach Gennes und von dort auf der D 751, dem* 8 **Loire-Damm (Grande Levée d'Anjou),** der immer wieder herrliche Blicke auf den großen Strom bietet, über die 9 **Pilgerkirche von Cunault** ➤ S. 101 wie der zurück nach 1 **Saumur,** wo du dir nach einem Spaziergang an der Loire die regionalen Spezialitäten im Restaurant **Le Pot de Lapin** *(Di/Mi geschl. | 37, rue Rabelais | Tel. 02 42 67 12 86 | lepotdelapin-saumur.com | €€)* gönnst.

TAG 3

10 km

7 **Bioparc**

20 km

8 **Loire-Damm**

3 km

9 **Pilgerkirche von Cunault**

14 km

1 **Saumur**

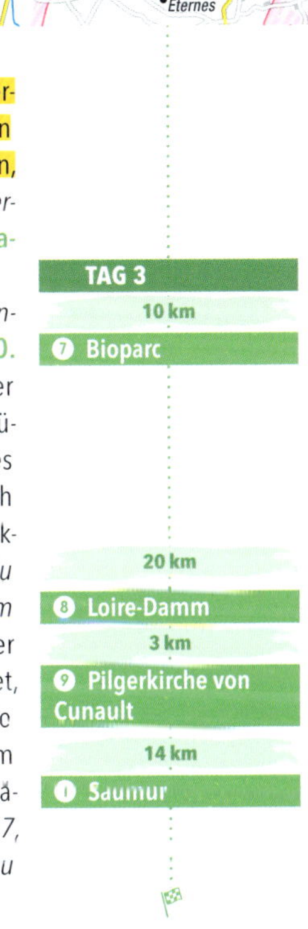

2 MIT DEM RAD AUF SCHLÖSSERTOUR

- Zu Gast bei einem Grafenpaar
- Mit dem Boot durch den Park von Chambord
- Erfrisch dich in einem Naturbadesee

TAG 1

1 Bracieux

5 km

2 Château de Villesavin

5 km

3 Hôtel de la Bonnheure

SICH FÜRS PICKNICK BEIM SCHOKOMEISTER EINDECKEN

Ausgangspunkt ist **1 Bracieux** ➤ S. 65 mit seiner **Markthalle** aus dem 16. Jh. und den Geschäften auf dem zentralen Platz, wo du alles für ein Picknick einkaufst. Widersteh keinesfalls der Versuchung, die Schokolade von **Max Vauché** in den Vesperkorb zu legen. *Auf extra angelegten Radwegen (du wählst Tour 5 ab Schwimmbad) geht's durch Wiesen und Wäldchen zum* **2 Château de Villesavin** *(März–Mitte Nov. tgl. 10–12, 14–18 bzw. 19, im Hochsommer 10–19 Uhr, März u. Nov. Do geschl. | 9,50 Euro | chateau-de-villesavin.fr)* im Renaissancestil. Kaum zu glauben, dass es einst als Baubaracke für Schloss Chambord diente. Seine Besitzer, das Grafenpaar de Sparre, haben ein **Hochzeitsmuseum** eingerichtet, zeigen dir das selbst bewohnte Schloss mit dem großen Taubenturm im **Park** und haben für Kinder einen **Minibauernhof** mit Ziegen und Hühnern eingezäunt. Außerdem gibt es Kutschen und historische Spielzeugautos zu sehen und im Park darf gepicknickt werden. Am Abend fährst du zurück nach Bracieux zu Familie Cormier ins **3 Hô-**

tel de la Bonnheure *(hoteldelabonnheure.com | €–€€).*

ZUM SCHLOSS DER SCHLÖSSER

Topfeben und gut gesichert führen Radwege dich am nächsten Morgen die knapp 8 km von Bracieux zum ❹ Château de Chambord ➤ S. 64. *Am Pavillon de Bracieux geht der Weg zuvor durch die insgesamt 32 km lange Mauer,* die heute das Schlossgelände in Staatsbesitz umschließt und von der Außenwelt abschirmt. Wenn nach der Waldstrecke plötzlich das Renaissancegebäude mit scinen 365 Kaminen und Türmen auftaucht, bleibt einem schier die Luft weg. Bestaun Chambord bei einer Bootsfahrt vom Wasser aus *(nur in der Hochsaison | Elektroboot 22 Euro/30 Min.)*, radle im Wald zu den Hochsitzen, such dir deinen Picknickplatz am Kanal des Cosson, der direkt am Schloss vorbeiführt.

TAG 2

8 km

❹ Château de Chambord

Tour du Château: Erst auf dem Rad erschließt sich, wie groß das Gelände von Chambord ist

Verlass das Anwesen *im Westen über La-Chaussée-le-Comte und radle auf der ausgeschilderten Strecke „La Loire à Vélo" über Huisseau-sur-Cosson bis zum großen Knotenpunkt vor Vineuil. Bieg dort nach links ab, überquer vorsichtig die D 33,* die einzig gefährliche Kreuzung der Strecke, und *fahr in Richtung Südosten zum* ⑤ Naturbadesee ➤ S. 64 von Mont-près-Chambord, der im Sommer für angenehme Erfrischung sorgt, bevor du die 7 km zurück nach ① Bracieux antrittst.

③ DURCHS SANCERROIS PER RAD UND KANU

- ➤ **Fahrradfahren auf Eisenbahnschienen**
- ➤ **Vögel und Biber beobachten**
- ➤ **Die Loire mit dem Kanu bezwingen**

① St-Satur

19 km

② Cyclorail-Bahnhof

13 km

KLIMANEUTRAL DER NATUR BEGEGNEN

Dein Startpunkt liegt in ① St-Satur, wo Karine und Yvan Thibaudat ihr Freizeitzentrum Loire Nature Découverte *(Quai de Loire | Tel. 02 48 78 00 34 | loirenaturedecouverte.com)* eingerichtet haben und auch Räder *(18 Euro/Tag)* vermieten. Reservier schon am Morgen das Kanu für den Nachmittag. *Fahr von St-Satur auf dem extra angelegten Radweg flussabwärts am Kanal entlang bis Cosne-Cours-sur-Loire und von dort am rechten Loire-Ufer nach Port Aubry.* Dort liegt der ② Cyclorail-Bahnhof *(tgl. nach vorheriger Reservierung | 9,50*

Euro | 13 km hin und zurück in 2 Std. | cyclorail.com). Dort dürft ihr weiterstrampeln: Während der **Draisinentour** auf einer ehemaligen Eisenbahnstrecke – über eine 826 m lange Brücke über den Fluss, eine Kanalüberfahrt und ein Viadukt mit herrlichen Ausblicken auf die Weinberge von Sancerre.

3 Le Ligérien
4 km
4 Îles de la Gargaude
9 km
5 Pouilly-sur-Loire
12 km
1 St-Satur

VÖGEL & BIBER GUCKEN

Danach radelst du Rad gemütlich auf der Route de Villechaud flussaufwärts nach La Roche und kehrst über die Brücke nach St-Satur zurück, wo du in dem geselligen Restaurant **3 Le Ligérien** *(März–Okt. | rue des Godibolles | Tel. 02 48 54 38 56 | restaurant-le-ligerien.fr | €)* zu Mittag isst. Nach dem abschließenden Kaffee *geht's auf einem gesichertem Weg am linken Flussufer bis ins Schutzgebiet der* **4 Îles de la Gargaude,** in deren ehemaligen Sand- und Kiesgruben viele Vogelarten ihre Nistplätze finden. Genieß in aller Ruhe das Naturschauspiel am Loire-Ufer, halt nach Vögeln und Spuren der Biber Ausschau, die hier wieder ihre Dämme bauen.

Entspannt fährst du dann am selben Ufer über die D59 und die Brücke nach **5 Pouilly-sur-Loire,** das am anderen Ufer schon zur Region Burgund gehört. Dort steigst du in dein vorbestelltes Kanu von **Loire Nature Decouverte** *(½ Tag 23 Euro)* und *paddelst die gut 10 km zurück nach St-Satur.* Leg unterwegs Pausen ein, um die Vögel auf den Inseln zu beobachten. Die Räder werden vom Vermieter zurück nach **1 St-Satur** gebracht, wo du dir zum Abschluss der Tour ein Gläschen Sancerre zum Ziegenkäse in der **Auberge de St-Thibault** ➤ S. 46 verdient hast.

Der Abschluss regional und unglaublich lecker: Chavignol-Käse

GUT ZU WISSEN

DIE BASICS FÜR DEINEN URLAUB

ANKOMMEN

ANREISE

Vom Norden und der Mitte Deutschlands aus ist Paris fast obligatorische Station auf dem Weg ins Loire-Tal. Von dort erreichst du Orléans, Blois oder Tours über die A 10, die Gegend um Angers über die A 10/A 11, Gien und Sancerre über die A 6/A 77. Aus Süddeutschland, der Schweiz und Österreich nimmst du die E 60 über Mulhouse, Besançon, Auxerre und erreichst dann die Loire über Landstraßen. Die rund 100 km lange Autobahn A 19 von Courtenay bei Sens nach Artenay im Norden ermöglicht eine schnellere Anreise aus dem Osten ins Loire-Tal.

Der Hochgeschwindigkeitszug TGV *(Train à Grande Vitesse)* verbindet Paris mit Vendôme (ca. 45 Min.), Tours (ca. 1 Std. 20 Min.) und Angers (ca. 1 Std. 30 Min). Zeitig buchen! Wer sein Fahrrad ins Loire-Tal mitnehmen möchte, sollte auf jeden Fall auch früh reservieren, denn nicht alle Züge haben die entsprechenden Abteile. Kannst du dein Rad zusammenklappen oder auseinanderbauen und verpacken, geht es im TGV als Gepäck durch und du sparst 10 Euro (Achtung, das gilt nicht für die Billiglinie Ouigo: Klapprad 5 Euro, ansonsten ist die Fahrradmitnahme nur im *Train Classique,* der auch in letzter Minute günstigen, dafür aber langsamen Variante von Ouigo, für 10 Euro möglich). In Regionalzügen (TER) fahren Räder kostenlos mit. Weitere Infos über *sncf-connect.com/de-de*

INSIDER-TIPP
Klappräder reisen günstiger

Nantes, rund 100 km westlich von Angers, verfügt über einen internationalen Flughafen *(nantes.aeroport.fr)*. Orléans liegt gerade einmal 100 km

Und wieder ein leckerer Jahrgang gesichert: Weinlese in Sancerre

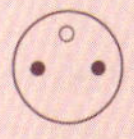

Adapter Typ E

Wer ausschließlich flache Stecker verwendet, braucht keinen Adapter. Probleme kann es bei dicken runden Steckern geben, wenn sie kein Loch für den Erdungsstab neuerer französischer Steckdosen haben.

südlich von Paris. Deswegen lohnt sich eventuell die Anreise aus Deutschland per Flugzeug in die französische Hauptstadt mit Gesellschaften wie Air France, Lufthansa oder Easyjet. Vom Flughafen Charles de Gaulle steuert der TGV Saint-Pierre-des-Corps (4 km von Tours) an (1 Std. 40 Min.).

AUSKUNFT

- Atout France | *france.fr/de*

Die französische Zentrale für Tourismus hält viele nützliche Informationen bereit auf ihrer Website.

- Agence Régionale Pays de la Loire | *Nantes* | *enpaysdelaloire.com*
- Comité Régional du Tourisme Centre-Val de Loire | *Orléans* | *valdeloire-france.com*

REISEZEIT

Im August sind in den großen Städten wie Orléans, aber auch Angers und Tours relativ viele Restaurants und Cafés geschlossen. Deshalb sind die Monate Mai, Juni, Juli, September und Oktober die beste Reisezeit für das Loire-Tal. Besonders im Früh- und Spätsommer ist es schon bzw. noch warm genug, um draußen sitzen zu können und die Spaziergänge durch die Parks richtig zu genießen. Reist du im Winter, empfiehlt sich ein vorheriger Anruf im gewünschten Hotel, weil viele Häuser in dieser Zeit Betriebsferien einlegen.

WEITER-KOMMEN

AUTO

Die Höchstgeschwindigkeit beträgt auf den Autobahnen 130, bei Regen 110 km/h, und auf Schnellstraßen 110, bei Regen 100 km/h. Die Herabsetzung der Höchstgeschwindigkeit auf National- und Départementalstraßen (N, D) ohne trennenden Mittelstreifen von 90 auf 80 km/h hat für landesweite Proteste gesorgt. Nun dürfen die Départements entscheiden, wo wieder 90 gefahren werden darf. Bei Regen hingegen gilt hier überall 80 km/h und in Ortschaften 50 km/h unabhängig vom Wetter. Die Promillegrenze liegt bei 0,5. Sowohl ein Warndreieck als auch eine gelbe Warnweste sind in Frankreich Pflichtausstattung im Auto.

Die französischen Autobahnen sind vielerorts kostenpflichtig *(péage)*. Bezahlt wird bar oder mit Kreditkarte. Unter *autoroutes.fr* berechnest du den Preis für deine Strecke. Eine Fahrt mit dem Pkw von Angers nach Tours kostet z. B. ca. 11 Euro. Hast du Zeit und willst dir das Geld sparen, kannst du stattdessen über die Landstraßen fahren. Einfach bei einer App wie *Waze* die Option „Mautstraßen meiden" in den Einstellungen auswählen.

Auch an der Loire gilt, bisher eher theoretisch, in immer mehr Départements eine Vignettenpflicht. Diese Umweltplakette, die in Großstädten wie Paris und Lyon bereits zum Einsatz kommt und die bis 2025 auch in Orléans, Tours und Angers ständig verpflichtend sein soll, ist in sechs verschiedenen Ausführungen zu haben und muss gut sichtbar von innen an der Windschutzscheibe kleben, sonst droht ein Bußgeld von 68 Euro. Außerhalb der ständigen Umweltzonen in Großstädten können je nach Luftverschmutzung einzelne Fahrzeugklassen von Fahrverboten betroffen sein. Kosten: 4,51 Euro, online bestellbar auf der Website des französischen Umweltministeriums: *certificat-air.gouv.fr.*

Deutsche Autofahrer, die in Frankreich geblitzt werden, bekommen mittlerweile eine Zahlungsaufforderung. Bei kleinen Verstößen (ab 1 km/h Geschwindigkeitsüberschreitung) sind 68 Euro fällig. Wer innerhalb von 14 Tagen (bzw. 30 Tagen bei Zahlung über *amendes.gouv.fr/tai*) nach Erhalt des Briefes (innerhalb von 3 Tagen bei persönlicher Entgegennahme) zahlt, überweist als Schnellzahler lediglich 45 Euro. Ab 45 Tagen (bzw. 60 Tagen bei Onlinezahlung) kostet der Strafzettel 180 Euro.

ÖFFENTLICHE VERKEHRSMITTEL

Es ist kein großes Problem, ohne Auto im Loire-Tal zurechtzukommen. Bahn- und Buslinien verbinden die größeren Städte wie Bourges, Orléans, Blois, Tours oder Angers. Bahnhöfe gibt es aber auch in kleineren Städten wie Loches oder Chinon, und die Sehenswürdigkeiten der Region werden zumindest in Ferienzeiten regelmäßig mit Bussen angefahren. Z. B. vom *Réseau de mobilité interurbaine*, kurz *Rémi (remi-centrevaldeloire.fr)*, in der Region Centre-Val de Loire, das etwa Tours zu kleinen Preisen

FESTE & EVENTS

RUND UMS JAHR

FEBRUAR
Nachtwanderung über 56 km von Bourges nach Sancerre. *short.travel/loi14*

APRIL
Printemps de Bourges: Festival für Chanson und zeitgenössische Musik aus aller Welt. *printemps-bourges.com*

APRIL/MAI
Marathon de la Loire | *marathon-loire.fr*

7./8. MAI
Jeanne-d'Arc-Tag (Orléans): historischer Umzug, Mittelaltermarkt, Feuerwerk, beleuchtete Kathedralentürme

MAI/JUNI
Festival International de Musique de Sully et du Loiret: klassische Musik und Jazz | *festival-sully.com*

JULI
Journées internationales de la Rose (Doué-la-Fontaine): Blumenschau in den Muschelkalk-Arenen der Stadt. *journeesdelarose.com*

AUGUST
Festival de Sablé (Sablé-sur-Sarthe): Barockmusikfestival. *lentracte-sable.fr*
Les Grandes Tablées du Saumur-Champigny (Saumur): lokaler Wein und deftiges Essen an langen Tischen mit viel Musik und toller Stimmung. *saumur-champigny.com*

SEPTEMBER
Les Accroche-Cœurs (Angers): Straßenkunstfestival | *angers.fr*
Jazz on Touraine (Montlouis-sur-Loire) | *jazzentouraine.com*
Festival de Loire (Orléans): großes Treffen der traditionellen Binnenschiffer; alle zwei Jahre, nächster Termin 2023 (Foto). *festivaldeloire.com*

OKTOBER
Mondial du Lion (Le Lion d'Angers): Reitturnier mit den Spitzenspring und Dressurreitern. *mondialdulion.com*

GRÜN & FAIR REISEN

Du willst beim Reisen deine CO_2-Bilanz im Hinterkopf behalten? Dann kannst du deine Emissionen kompensieren *(atmosfair.de; myclimate.org)*, deine Route umweltgerecht planen *(routerank.com)* oder auf Natur und Kultur *(gate-tourismus.de)* achten. Mehr über ökologischen Tourismus erfährst du hier: *oete.de* (europaweit); *germanwatch.org* (weltweit).

mit den Schlössern von Amboise, Chenonceau, Azay-le-Rideau und Villandry verbindet. Wie viele französische Städte bauen Tours oder Angers derzeit ihr Straßenbahnnetz *(tramway)* weiter aus.

IM URLAUB

BANKEN & KREDITKARTEN

Banken haben meist Di–Fr 8.30–12 und 14–17 Uhr und Samstagvormittag geöffnet. Automaten, an denen man mit EC-Karte und Geheimnummer Geld abheben kann, findest du überall. Mit Kreditkarten kannst du nahezu alles zahlen, zum Teil auch kleinste Summen.

FEIERTAGE

1. Jan.	Neujahr
MÄrz/April	Ostermontag
1. Mai	Tag der Arbeit
8. Mai	Kriegsende 1945
Mai	Christi Himmelfahrt
Mai/Juni	Pfingstmontag
14. Juli	Nationalfeiertag
15. Aug.	Mariä Himmelfahrt
1. Nov.	Allerheiligen
11. Nov.	Waffenstillstand 1918
25. Dez.	Weihnachtsfeiertag

HAUSBOOTFAHRTEN

Für Freizeitkapitäne ohne Patent ist die Loire selbst zwar tabu, aber auf Flüssen wie Cher, Sarthe und dem Canal Latéral de la Loire zwischen Nevers in Burgund und Briare eröffnen sich bei einer Geschwindigkeit von 6 km/h auf dem Wasser ganz neue Perspektiven. Vorsicht unter Brücken: Zieh besser den Kopf ein.

HEISSLUFTBALLON-FAHRTEN

Das Loire-Tal mal aus der Vogelperspektive erleben: Die Heißluftballons *(montgolfières)* starten an verschiedenen Orten wie Amboise *(balloonrevolution.com)*, Contres *(au-gre-des-vents.com)* oder Chenonceau *(franceballoons.com)* entweder frühmorgens oder am späten Nachmittag für Flüge zwischen 60 und 90 Minuten. Mit rund 200 Euro pro Person ist dies allerdings ein ziemlich teures Vergnügen.

ÖFFNUNGSZEITEN

Die Geschäfte in den Innenstädten des Loire-Tals sind im Allgemeinen montags bis samstags 9–19 Uhr, die großen *hypermarchés* in den Einkaufszentren vor den Toren der Städte teilweise sogar bis 21 Uhr geöffnet. Am Sonntagmorgen sind fast überall in der Region Bäckereien und Metzgereien offen, dafür legen einige montags einen Ruhetag ein.

TELEFON & INTERNET

Auf Französisch heißt Handy *téléphone portable,* also tragbares Telefon, aber alle sagen nur kurz *portable*. Es gibt vier große Anbieter, SFR, Orange, Bouygues und Free, die das ganze Land mit einem dichten Netz überzogen haben. Nur außerhalb der Städte gibt es manchmal Funklöcher. Seit der Abschaffung der Roaming-Gebühren innerhalb der EU kannst du in Frankreich dein Handy zum selben Tarif wie zu Hause benutzen, wobei es Einschränkungen z.B. beim Datenvolumen geben kann.

Die lokalen Festnetznummern fangen mit 02 an, mit Ausnahme der Festnetznummern von Internetanbietern, die beginnen landesweit mit 09. Handynummern beginnen mit 06 oder 07, wenn es sich um neuere Nummern handelt, und Sondernummern mit 08. Internationale Vorwahl für Deutschland: 0049, für Österreich: 0043, für die Schweiz: 0041; dann die Nummer ohne die erste Null. Aus dem Ausland muss 0033 für Frankreich gewählt werden (auch hier entfällt die erste Null).

Internetanschlüsse findest du in fast allen Hotels und in vielen privaten Gästezimmern. WLAN-Hotspots sind in allen größeren Städten üblich und gehören auch in Hotels zum Standard.

TRINKGELD

Du kannst dasselbe Trinkgeld *(pourboire)* geben wie zu Hause auch – vorausgesetzt, du warst zufrieden. Meist kommt die Rechnung auf einem kleinen Tellerchen, auf das du deine Kreditkarte bzw. das Geld legst. Warte, bis der Kellner dir deine Karte bzw. das Wechselgeld wiederbringt und lass anschließend das gewünschte Trinkgeld auf dem Tellerchen bzw. auf dem Tisch liegen, anstatt wie in Deutschland die Summe direkt aufzurunden.

TRINKWASSER

Mach's wie die Einheimischen und trink Leitungswasser. Das wird sogar in Restaurants serviert, wenn du eine kostenlose *carafe d'eau* statt einem teuren Mineralwasser bestellst.

WAS KOSTET WIE VIEL?

Kaffee	3 Euro *für einen Cappuccino*
Bootstour	14 Euro *für 1 Std.*
Wein	ab 4,50 Euro *für ein Glas*
Fahrrad	18 Euro *pro Tag fürs Leihrad*
Abendessen	30 Euro *je nach Kategorie 1–3 Gänge*
Benzin	1,70 Euro *pro Liter Super*

UNTERKUNFT

Das Loire-Tal hat ein riesiges Angebot an Campingplätzen aller Preiskategorien. Den regionalen Campingführer gibt es jeweils beim *Comité Régional de Tourisme* oder in den Verkehrsämtern der einzelnen Orte. Viele Campingplätze bieten Schwimmbäder und vermieten außerdem Fahrräder in unmittelbarer Nähe der großen

Schlösser wie *Camping Huttopia les Châteaux (April–Anfang Nov. | 131, impasse des Guernazelles | Bracieux | Tel. 02 54 46 41 84 | europe.huttopia.com/site/camping-les-chateaux)* oder *Château des Marais (April–Sept. | 27, route de Chambord à Muides-sur-Loire | Tel. 02 54 87 05 42 | sandaya.fr/nos-campings/chateau-des-marais)* im Park eines Herrensitzes.

Für die günstige Übernachtungsmöglichkeit brauchst du den internationalen Jugendherbergsausweis. Auskunft bei der *Fédération Unie des Auberges de Jeunesse | 27, rue Pajol | F-75018 Paris | Tel. 01 44 89 87 27 | hifrance.org*

Gästezimmer bei Privatleuten sind im Loire-Tal oft eine recht preiswerte Alternative zu Hotels. Relativ strenge Normen gibt es etwa für die *Chambre d'hôtes* bei der *Maison des Gîtes de France (gites-de-france.com)*. Die lokalen Verkehrsämter haben noch mehr Adressen für die französische Version des „Bed & Breakfast". Weitere Dachverbände für Gästezimmer im Loire-Tal sind *Fleurs de Soleil (fleursdesoleil.fr)* oder auch *Clévacances (clevacances.com)*.

Sehr beliebt sind in Frankreich Ferienwohnungen auf dem Land *(gîte rural)*, die oft erst ab einer Mietzeit von einer Woche, jeweils Samstag bis Samstag, gebucht werden können. Größter französischer Anbieter für Ferienimmobilien ist *Pierre et Vacances (pierreetvacances.com)*. Interessante Angebote von Privatleuten finden sich ebenfalls bei den üblichen Verdächtigen wie Airbnb oder Fewo-direkt im Internet. Wer lieber ganz stilvoll in einem privaten Schloss nächtigen möchte, findet mehr als 100 Adressen bei *Bienvenue au Château (bienvenueauchateau.com)*.

Für Wohnmobil-Urlauber bietet das Loire-Tal sehr gute Infrastrukturen. Warum nicht ein Stopp auf einem landwirtschaftlichen Betrieb *(bienvenue-a-la-ferme.com)*? Z. B. auf dem Weingut *Domaine de la Chopinière du Roy (chopinièreduroy.fr)* in St-Nicolas-de-Bourgueil oder auf der *Ferme du Bois Madame (fermeduboismadame.com)* der Familie Gauthier in Grézillé zwischen Saumur und Angers, die auf dem Hof, der auf Bioanbau umgestellt hat, einen Campingplatz betreibt und mehrere Stellplätze für Wohnmobile reserviert.

WEINPROBEN

Das Loire-Tal ist eins der größten Weinanbaugebiete ganz Frankreichs, das die unterschiedlichsten Sorten von Rot-, Weiß-, Rosé- und Schaumweinen hervorbringt und sich perfekt über die Weinstraße erschließen lässt – eine Karte zum Download gibt es auf *vinsvaldeloire.fr*.

Viele Winzer und Winzergenossenschaften *(caves coopératives)* bieten meist kostenlose Weinproben *(dégustation)* an. Weinhäuser verlangen für größere Kostproben zuweilen Geld wie z. B. die ☂ *Maison des Vins de Cheverny (1, av. Du Château | Cheverny | Tel. 0254792516 | maisondesvinsdecheverny.fr)*, wo dir der Wein vollautomatisch in ein Hightechglas mit elektronischem Chip eingeschenkt wird *(drei Weine 4 Euro, sieben Weine 6,50 Euro)*.

ZOLL

Innerhalb der EU dürfen Waren für den persönlichen Bedarf frei ein- und ausgeführt werden; u. a. bis zu 800 Zigaretten, 60 l Schaumwein und 10 l Spirituosen. Für Wein aus anderen EU-Staaten gibt es in Deutschland keine Richtmenge mehr. Für Schweizer gelten geringere Freimengen, u. a. 250 Zigaretten und 5 l alkoholische Getränke bis 18 % Vol.

NOTFÄLLE

DIPLOMATISCHE VERTRETUNGEN

- *Deutsche Botschaft | Rechts- und Konsularabteilung 28, rue Marbeau | 75016 Paris | Tel. 01 53 83 45 00 | allemagneenfrance.diplo.de*
- *Österreichische Botschaft | 6, rue Fabert | 75007 Paris | Tel. 01 40 63 30 63 | bmeia.gv.at/oeb-paris*
- *Schweizer Botschaft | 142, rue de Grenelle | 75007 Paris | Tel. 01 49 55 67 00 | eda.admin.ch/paris*

GESUNDHEIT

Deutsche, österreichische und Schweizer Versicherte können mit der Europäischen Krankenversicherungskarte das französische Gesundheitssystem in Anspruch nehmen. Sie müssen zunächst für medizinische Hilfe bezahlen, bekommen ihre Auslagen aber nach den vor Ort geltenden Gesetzen erstattet. Für den Fall des Falles (etwa einen Krankentransport nach Hause) empfiehlt sich weiterhin eine Auslandskrankenschutzversicherung.

NOTRUF

Polizei *(Police Secours) Tel. 17*
Krankenwagen *(Ambulance, Samu) Tel. 15*
Feuerwehr *(Sapeurs-pompiers) Tel. 18*

WETTER IN ORLÉANS

Hauptsaison: Juni–Sept. · Nebensaison: Jan.–Mai, Okt.–Dez.

	JAN.	FEB.	MÄRZ	APRIL	MAI	JUNI	JULI	AUG.	SEPT.	OKT.	NOV.	DEZ.
Tagestemperaturen	6°	7°	12°	15°	19°	22°	24°	24°	21°	16°	10°	6°
Nachttemperaturen	0°	0°	2°	5°	8°	11°	13°	13°	11°	7°	3°	1°
Sonnenschein Stunden/Tag	2	3	5	7	8	7	7	7	6	4	2	2
Niederschlag Tage/Monat	16	13	12	12	13	11	11	12	12	13	15	16

SPICKZETTEL FRANZÖSISCH

SMALLTALK

ja/nein/vielleicht	oui/non/peut-être	ui/nong/pöhtätr
bitte	s'il vous plaît	ßil wu plä
danke	merci	märßih
Gute(n) Morgen!/Tag!/ Abend!/Nacht!	Bonjour!/Bonjour!/ Bonsoir!/Bonne nuit!	bongschuhr/ bongschuhr/bongßoar/ bonn nüi
Hallo!/Tschüss!/Auf Wiedersehen!	Salut!/Salut!/Au revoir!	ßalü/ßalü/o rövoar
Ich heiße …	Je m'appelle …	schö mapäll …
Ich komme aus …	Je suis de …	schö süi dö …
Entschuldigung!	Pardon!	pardong
Wie bitte?	Comment?	kommang
Das gefällt mir (nicht).	Ça (ne) me plaît (pas).	ßa (nö) mö plä (pa)
Ich möchte …	Je voudrais …	schö wudrä
Haben Sie?	Avez-vous?	aweh wu

ZEIGEBILDER

ESSEN & TRINKEN

Die Speisekarte, bitte.	La carte, s'il vous plaît.	la kart ßil wu plä
Könnte ich bitte … haben?	Puis-je avoir … s'il vous plaît?	püischö awoar … ßil wu plä
Flasche/Karaffe/Glas	bouteille/carafe/verre	buteij/karaf/wär
Messer/Gabel/Löffel	couteau/fourchette/ cuillère	kutoh/furschät/ küijär
Salz/Pfeffer/Zucker	sel/poivre/sucre	ßäl/poawr/ßükr
Essig/Öl	vinaigre/huile	winägr/üil
Milch/Sahne/Zitrone	lait/crème/citron	lä/kräm/ßitrong
mit/ohne Eis/ Kohlensäure	avec/sans glaçons/ gaz	awäk/ßang glaßong/ gaß
Vegetarier(in)	végétarien(ne)	weschetarijäng/ weschetarijänn
Ich möchte zahlen, bitte.	Je voudrais payer, s'il vous plaît.	schö wudrä pejeh ßil wu plä

NÜTZLICHES

Wo ist …?/Wo sind …?	Où est …?/Où sont …?	u ä …/u ßong …
Wie viel Uhr ist es?	Quelle heure est-il?	käl ör ät il
heute/morgen/gestern	aujourd'hui/demain/ hier	oschurdüi/dömäng/ jähr
Wie viel kostet …?	Combien coûte …?	kombjäng kuht …
Wo finde ich einen Internetzugang/WLAN?	Où puis-je trouver un accès à internet/wi-fi?	u püische truweh äng akßä a internet/wifi
Hilfe!/Achtung!	Au secours!/Attention!	o ßökuhr/attangßjong
Fieber/Schmerzen	fièvre/douleurs	fiäwrö/dulör
Apotheke/Drogerie	pharmacie/droguerie	farmaßi/drogöri
offen/geschlossen	ouvert/fermé	uwär/färmeh
gut/schlecht	bon/mauvais	bong/mowä
links/rechts/geradeaus	à gauche/à droite/ tout droit	a gohsch/a droat/ tu droa
Panne/Werkstatt	panne/garage	pann/garahsch
Fahrplan/Fahrschein	horaire/billet	orär/bije
0/1/2/3/4/5/6/7/8/9/ 10/100/1000	zéro/un, une/deux/ trois/quatre/cinq/six/ sept/huit/neuf/dix/ cent/mille	sero/äng, ühn/döh/ troa/katr/ßänk/ßiß/ ßät/üit/nöf/diß/ßang/ mill

LESESTOFF & FILMFUTTER

SCHLÖSSER-COMIC

Der Verlag Petit à Petit hat mit dem „Guide des châteaux de la Loire en bandes dessinées" den ersten Doku-Comic herausgebracht, der Geschichte und Kulturerbe der Loire zum Leben erweckt. Perfekt, um eingerostete Französischkenntnisse zu reaktivieren.

DER KOMMISSAR UND DIE TOTEN VON DER LOIRE

Im zehnten Band der Krimireihe lässt Maria Dries ihren Kommissar Philippe Lagarde an der Loire ermitteln: Bei einem Ritterturnier auf Schloss Chambord wird ein Pferdepfleger ermordet.

MONSIEUR CLAUDE 1–3

Zentraler Schauplatz der Komödienreihe von Regisseur und Coautor Philippe de Chauveron ist Chinon. Nach dem Erfolg der beiden ersten Teile über die multikulturelle Familie aus der Touraine kam 2022 der dritte Teil in die Kinos.

PAUL & DIE SCHULE DES LEBENS

Der Waisenjunge Paul, dessen Vater im 1. Weltkrieg fiel, entdeckt nicht nur die eigene Geschichte, sondern auch den zeitlosen Wald der Sologne. Regisseur Nicolas Vanier wuchs selbst dort auf.

PLAYLIST QUERBEET

NANA MOUSKOURI – SUR LES BORDS DE LA LOIRE
Die griechische Sängerin kann nicht nur deutschen Schlager, sondern auch französisches Chanson!

MANNICK – MA LOIRE
Liebeserklärung der aus Angers stammenden Sängerin und Komponistin an den Fluss ihrer Heimat

SERGE REGGIANI – LA LOIRE
Der französische Chansonnier lässt Fluss und Leben zurück zur Quelle fließen.

SWINDLE – LA SARTHOISE
Von der Punk-Rock-Band neu aufgelegtes Protestlied, um den Kampf der Sarthe zu einer freien, festlichen und sexy Region zu unterstützen

RIDAN – ULYSSE
Zum Chansonnier konvertierter Ex-Rapper, der ein Gedicht von Joachim du Bellay über seine Heimat, das Anjou, aufgreift

Den Soundtrack zum Urlaub gibt's auf **Spotify** unter **MARCO POLO** France

Oder Code mit Spotify-App scannen

AB INS NETZ

PIRATES DE LOIRE
Virtuelle Schatzsuche an der Loire. Die Sehenswürdigkeiten entdeckst du in dieser App dank Ratespielen, und mit etwas Glück gewinnst du einen freien Eintritt oder eine regionale Spezialität.

FRANCE 3
Auf den Youtube-Kanälen Centre Val de Loire (@france3cvdl) und Pays de la Loire (@france3pdl) des öffentlich-rechtlichen Regionalsenders findest du alles, was die beiden Regionen an der Loire gerade bewegt.

MY LOIRE VALLEY
Reise- und Veranstaltungstipps 100 % regional und 100 % digital: Auf der Webseite oder ganz sozial auf Facebook, Instagram, TikTok und Co. erfährst du, was im Loire-Tal gerade so abgeht.

GÉOMOTIFS
Sylvain Lambert aus Orléans hat mit GéoMOTifs Module für die App Baludik entwickelt, mit denen du dich in seiner Heimatstadt, aber auch in Städten wie Tours oder Bourges, auf die Suche nach Ornamenten machen kannst, die du an sonsten bestimmt übersehen hättest.

TRAVEL PURSUIT

DAS MARCO POLO URLAUBSQUIZ

Weißt du, wie das Loire-Tal tickt? Teste hier dein Wissen über die kleinen Geheimnisse und Eigenheiten von Land und Leuten. Die Lösungen findest du in der Fußzeile. Und ganz ausführlich auf den S. 18–23.

❶ Bis 2035 will Frankreich

a) aus der Atomenergie aussteigen
b) den Anteil der Atomenergie auf 50 % reduzieren
c) den Anteil der Atomenergie auf 95 % ausbauen

❷ Balzac zog sich immer wieder in die Touraine zurück, weil er

a) kein Geld hatte, um seine Pariser Gläubiger zu bezahlen
b) die schlechte Luft in Paris nicht vertrug
c) ein prunkvolles Schloss an der Loire besaß

❸ Der HistoPad

a) erstellt Bewegungsprofile von Historikern
b) erweckt die Vergangenheit mit 3-D-Technik zum Leben
c) ermöglicht Personen mit eingeschränkter Mobilität den Zugang zu Sehenswürdigkeiten

❹ Das Schloss von Brézé

a) verfügt über eine unterirdische Festungsanlage
b) ist berühmt für seinen Hausgeist
c) war das Lieblingsschloss von Michael Jackson

Lösungen: 1b, 2a, 3b, 4a, 5c, 6b, 7a, 8c, 9a, 10c

Das Schloss von Brézé birgt ein besonderes Geheimnis. Welches wohl?

❺ Ein Consomm'acteur ist

a) ein Schauspieler, der in leicht konsumierbaren Unterhaltungsstücken spielt

b) ein regionaler Ableger der französischen Verbraucherzentrale

c) ein Konsument, der durch seine Kaufentscheidung zum Aktivisten wird

❻ Jeanne d'Arc erhielt den Auftrag, Frankreich von den englischen Besatzern zu befreien

a) von einem berittenen Boten

b) von einer himmlischen Stimme

c) durch eine Geheimbotschaft

❼ In der Bartholomäusnacht

a) wurden an die 2000 Hugenotten ermordet

b) feierten Katholiken und Protestanten ihre Versöhnung

c) flohen Tausende französische Katholiken nach Deutschland

❽ Seit Anfang des 20. Jahrhunderts fahren immer weniger Frachtschiffe auf der Loire, da

a) mehrere Schiffe auf dramatische Weise gekentert sind

b) der Fluss versandet und damit zu flach ist

c) die Waren stattdessen per Eisenbahn transportiert werden

❾ Bevor Sankt-Martin Bischof wurde, war er

a) Soldat

b) Bettler

c) Richter

❿ Agnès Sorel war

a) Siegerin beim Loire-Marathon 2019

b) die erste Frau, die ein Weingut betrieb

c) die erste Mätresse Frankreichs

REGISTER

LOB ODER KRITIK? WIR FREUEN UNS AUF DEINE NACHRICHT!

Trotz gründlicher Recherche schleichen sich manchmal Fehler ein. Wir hoffen, du hast Verständnis, dass der Verlag dafür keine Haftung übernehmen kann.

MARCO POLO Redaktion • MAIRDUMONT • Postfach 31 51
73751 Ostfildern • info@marcopolo.de

Impressum
Titelbild: Azay-le-Rideau (Schapowalow Images: R. Spila)
Fotos: huber-images: J. Banks (117), F. Carassale (20), F. Carovillano (104, 132/133), L. Da Ros (65), Gräfenhain (63), L. Grandadam (106), Kremer (52/53), L. Vaccarella (75, 130/131); iStock: K. Wiodomann (76); Laif: Heuer (119), F. Heuer (45), G. Martin (80), T&B Morandi (58), T. & B. Morandi (6/7, 103), T.&B. Morandi (9, 19), J.-B. Rabouan (114), J.-D. Sudres (28), G. Westrich (34), Laif/hemis: P. Avenet (85, 89); Laif/hemis.fr: P. Body (8, 14/15, 31, 91), M. Dozier (101, 112/113), F. Guiziou (92/93), H. Hughes (69), H. Lenain (46, 120/121), R. Manin (30/31, 108), E. Planchard (123); Laif/REA: P. Gleizes (22/23); Laif/REA/pool: N. Messyasz (49); Laif/Reporters: Scagnetti (96); Look/Photononstop (66); mauritius images/age: B. Almela (70/71), B. Jaubert (38/39), J. A. Moreno (11); mauritius images/Blend Images: M. Kemp (24/25); mauritius images/imagebroker: gourmet-vision (27), P. Williams (26/27); mauritius images/Photononstop: E. Chaix (86), N. Thibaut (57); mauritius images/robertharding: J. Elliott (Klappe aussen vorne, Klappe innen vorne, 1, 50); mauritius images/Westend61: M. Govel (10); F. Schwarz (135); Shutterstock: M.C. Chiu (Klappe innen hinten), dixkom (98/99), evoPix.evolo (32/33), gertvansanten (61), leoks (12/13), mehdi33300 (42), A. Quinou (2/3), R. Semik (110/111); Shutterstock/Video Media Studio Europe (79); Visum: R. Kluba (83)

13., aktualisierte Auflage 2023

Autoren: Peter Bausch, Felicitas Schwarz Grammon
Redaktion: Christina Sothmann
Bildredaktion: Gabriele Forst
Kartografie: © KOMPASS-Karten GmbH, Karl-Kapferer-Straße 5, A-6020 Innsbruck unter Verwendung von Kartendaten: © MairDumont, D-73751 Ostfildern (S. 36–37, 115, 117, 119, Umschlag außen, Faltkarte); © KOMPASS-Karten GmbH, kompass.de unter Verwendung von © OpenStreetMap Contributors, osm.org/copyright (S. 40–41, 43, 54–55, 56, 72–73, 82, 94–95, 102)
Als touristischer Verlag stellen wir bei den Karten nur den De-facto-Stand dar. Dieser kann von der völkerrechtlichen Lage abweichen und ist völlig wertungsfrei.
Gestaltung Cover, Umschlag und Faltkartencover: bilekjaeger_Kreativagentur mit Zukunftswerkstatt, Stuttgart; Gestaltung Innenlayout: Langenstein Communication GmbH, Ludwigsburg
Spickzettel: in Zusammenarbeit mit PONS Langenscheidt GmbH, Stuttgart
Konzept Coverlines: Jutta Metzler, bessere-texte.de
Texte hintere Umschlagklappe: Lucia Rojas

Printed in China

MARCO POLO AUTORIN
FELICITAS SCHWARZ GRAMMON
Gebürtiger Fischkopp mit indischem Einschlag, studierte Saarländerin und Wahlfranzösin. Nach einem Erasmusjahr ist sie in den Nullerjahren einfach in Frankreich geblieben, wo sie bis heute als Journalistin tätig ist. Sobald sich die Gelegenheit bietet, springt sie mit ihrem Rad in einen Zug Richtung Loire. Ihr Ziel: den Fluss in seiner gesamten Länge von der Quelle bis zum Atlantik abzuradeln.

BLOSS NICHT!

FETTNÄPFCHEN UND REINFÄLLE VERMEIDEN

GLEICH ZUM ERSTEN FREIEN TISCH RENNEN

Vor allem in gehobeneren oder viel besuchten Restaurants weisen die Kellner die Tische zu. Wenn du einen bestimmten Tisch im Auge hast, einfach höflich nachfragen, dann klappt's auch mit dem Wunschplatz.

EIN SCHLOSS NACH DEM ANDEREN

Hakst du mehr als zwei, drei *châteaux* an einem Tag ab, weißt du nicht mehr, was du wo gesehen hast. Außerdem belasten die Besichtigungen die Reisekasse enorm. Wähl lieber gut aus, was du tatsächlich sehen willst, und lass dir dafür etwas mehr Zeit.

ALLES SCHON IM VORAUS PLANEN

Stress dich nicht auch noch im Urlaub! Für Radler haben die Campingplätze zum Beispiel immer noch ein Plätzchen frei. Bei einer späten Ankunft reicht ein Anruf, um zu erfahren, wo du dein Zelt aufstellen kannst und gezahlt wird am nächsten Morgen, bevor es wieder auf die Loire à Vélo geht.

EINFACH SO WILD CAMPEN

So verlockend ein schönes Plätzchen in freier Natur auch sein mag, um ein Zelt aufzustellen oder das Wohnmobil zu parken – wildes Campen mit der vollen Ausrüstung ist vielerorts nicht gern gesehen. Toleranter sind die Regelungen für Biwaks, also einzelne Übernachtungen unter freiem Himmel.

AUF DEN RAT DER EINHEIMISCHEN VERZICHTEN

Wenn du auf eigene Faust unterwegs bist, versuch mit den Locals ins Gespräch zu kommen. Praktische Tipps vor Ort bekommst du nicht nur in den Verkehrsämtern *(office de tourisme)*. In den Dorfcafés warten die Rentner nur darauf, das Wissen eines ganzen Lebens weiterzugeben.